试点视角下养老保险制度变迁的历程与经验

冯 维 著

中国纺织出版社有限公司

图书在版编目（CIP）数据

试点视角下养老保险制度变迁的历程与经验 / 冯维著. -- 北京：中国纺织出版社有限公司，2022.8
ISBN 978-7-5180-9530-8

Ⅰ. ①试… Ⅱ. ①冯… Ⅲ. ①养老保险制度－保险改革－研究－中国 Ⅳ. ①F842.67

中国版本图书馆CIP数据核字（2022）第080204号

责任编辑：韩　阳　　郭　婷　　责任校对：高　涵
责任印制：储志伟

中国纺织出版社有限公司出版发行
地址：北京市朝阳区百子湾东里A407号楼　邮政编码：100124
销售电话：010—67004422　传真：010—87155801
http://www.c-textilep.com
中国纺织出版社天猫旗舰店
官方微博 http://weibo.com/2119887771
天津宝通印刷有限公司印刷　各地新华书店经销
2022年8月第1版第1次印刷
开本：880 × 1230　1/16　印张：4.75
字数：150千字　定价：49.00元

凡购本书，如有缺页、倒页、脱页，由本社图书营销中心调换

前言

“试点”是我国政府施政过程中提到频率很高的一个词，尤其在改革开放以来，国家体制转型中的种种制度改革大都以试点为起点，甚至可以说，改革开放这个历史进程本身也是以试点揭幕的。试点实践所呈现出的“摸着石头过河”式的渐进策略和路径也成为中国改革的最显著标识。那么，试点本身如何运作？具有哪些特征？又如何推动制度改革走向成功？在改革开放取得巨大成就的今天，这些问题亟待学者探究和解答。

政府在制度改革中运用“试点”，目的在试验创新政策，收集群众需求，为中央决策提供方向的同时也凝聚改革的社会力量，在基层探索与顶层设计的良性互动中推动制度改革不断前进。但现实情况是，差异化的社会经济条件往往导致不同的群众需求，同一地区的不同人群也会对制度设计有不同期望，除中央政府外，地方政府、属地政府也是试点的重要行动者且有时具有并不一致的行动偏好，这些因素都会给基层探索上升为顶层设计，或是顶层设计与基层探索统一步调带来挑战，最终给构建全国统一制度带来障碍。因此，运用试点并不天然地实现顶层设计与基层探索的良性互动，如何实现还需要进一步总结历史经验并形成指导理论。

本研究就是回应上述问题和现实需要的一次尝试。本书以改革开放以来养老保险制度改革中的试点为研究对象，回溯农村、城镇和机关事业单位养老保险制度的变迁历程，构建试点与制度变迁关系的解释理论，并总结运用试点实现顶层设计和基层探索良性互动、有机结合的条件。这并不容易，除了在史料梳理和理论构建两条线路分别遭遇的难题，两者本身的张力也给写作带来了很大挑战，这源自历史与社科学科在理解人类活动上的根本差异，简言之，一方面我希望忠诚于所有历史细节，描绘历史发展的原貌，同时又希望这些历史案例服务于一个形式简洁、逻辑完整并能够与学界形成对话的理论框架。是否做到了这种平衡，本研究的最终完成度如何，如今要交给读者来评断和指正了。

本书的初稿形成于我的读博阶段，集中调研和撰写自2016年冬开始，至2018年夏结束，寒暑交替，时光荏苒。调研所至辽宁、湖北、北京、广东等地，与地方干部的访谈和座谈中总能有意外收获；关于理论框架的构建定期与导师讨论、数次修改，时常感到读的越多，却发觉未读的更多；图书馆里不算舒服的木椅、冒着热气的开水、轻盈的闭馆音乐，都成了论文撰写时的最佳陪伴；写累了或是思维枯竭时到湖边散步，未名湖四季美景也成了回忆中最鲜艳明亮的部分。思索、找寻、苦恼、自我怀疑、豁然开朗，种种情绪如今回想，恍如隔日。

2020年开始我对书稿进行修改，补充了近年养老保险制度的改革和运行状况，进一步调整了理论框架，重新梳理了部分制度变迁的历史过程。相隔一段时间与自己的作品重逢，一方面会为某个段落的精彩而惊喜，另一方面各种问题和不足如水落石出、逐渐显现。虽然尽力弥补，但能力所限，成稿依然未能尽善尽美。

因为工作中的研究转向，我在这个议题的研究或将止步于此，希望这些思考的痕迹可以对相关研究者有所帮助，而我也将珍藏凝结于此书中的这些时光中的美好。

本书能够成稿，特别感谢为此付出颇多的编辑老师们。此书是我博士阶段的一次汇报，而我能取得博士学位，并有幸以学术为志业，要感谢父母无私的爱和支持，感谢导师的指导和帮助。还有生活中更多的家人、朋友和从事学术的同行者们的关爱和陪伴。生命的充盈总是精神追求的沃土，这份书稿显然不足以作为我对生命中这些幸运的回报，唯有一喷一醒，再接再厉。

著者

2022 年 1 月

目 录

第一章 导论

本书是一部学术专著，它的研究对象是中国改革开放以来养老保险制度改革中的试点，通过对养老保险制度变迁历程的回溯，旨在阐释试点在制度变迁中的发生逻辑、功能及影响。它尝试完成两项任务，或说怀有以下学术抱负：一是从试点的视角回顾养老保险制度的变迁历程，从而总结“推动顶层设计和基层探索良性互动、有机结合”的施政经验；二是找寻试点影响制度变迁的作用机制和一般规律，为理解和解释改革开放以来的诸多制度变革提供一个以试点为源头（自变量）的一般理论。为了完成这两项任务，本书将对已有相关研究进行综述，摘取并发展学界围绕制度变迁形成的可供本书展开分析使用的理论成果，还将基于相关史料、文件汇编、年鉴数据、专题研究等对养老保险制度的变迁历程进行回溯，同时遵照比较方法的原则来组织个案，以最大可能地保证研究结论的科学性和普适性。以上工作犹如一套包含选料、取材、设计到修建等工序的房屋建筑过程。在开始我的建造行动之前，有必要讲清楚何以要建造这样一座房屋，以及具体将如何建造。也就是回答为什么要研究试点以及为什么要研究养老保险？

一、为什么是试点?

“试点”是我国政府施政实践中的一种特定行为和现象。“先行先试”“基层探索”“摸着石头过河”等词语凸显我国试点的实践特征和施政逻辑。改革开放以来，我国政府对试点的运用贯穿改革始终，应用于各个领域，如1980年广东、上海、浙江等地开展“劳动合同制”试点，1984年北京、广州、上海等地开展“股份制”试点，2004年黑龙江、吉林、安徽和湖北开展“乡镇机构改革”试点，2010年全国16个城市进行“公立医院改革”试点等等。将1979—2021年国务院政府工作报告中提到的试点提取出来加以梳理，如表1-1所示，可以发现纵向时间维度上和横向领域维度上改革开放以来试点的发展过程。

表1-1 国务院政府工作报告中的试点梳理(1979-2021)

时间(年份)	试点领域及举例
1979—1981	经济管理体制改革、企业自主权改革、外贸体制改革、“利改税”改革。 例：四川省6家企业进行“扩大企业自主权改革”试点(1978)；湖北、广西、上海、四川等地开展“利改税”试点(1979)；广东、上海、浙江等地开展“劳动合同制”试点(1980)
1982—1987	经济体制改革、地方行政管理体制改革、价格体系改革、流通体制改革、农村商品流通体制改革、教育和科研体制改革、住宅商品化、企业内部经济责任制改革

续表

时间（年份）	试点领域及举例
1982—1987	例：湖北省沙市开展“经济体制综合改革”试点（1981）；常州、郑州、沙市、四平等地开展“城市住宅商品化”试点（1982）；北京师范大学等高校进行“高校内部管理体制改革”试点（1985）
1988—1992	地方政府机构改革、股份制改革、高等教育综合改革、社会保险和社会保障制度改革、农村改革试点区、国有企业“税利分流”、分税制、城市综合改革、县级综合改革、租赁制、住房制度改革、发行股票和债券分流改革 例：北京、广州、上海等地开展“股份制”试点（1984）；上海、深圳等地开展“股票市场”试点（1990）；上海开展“城市最低生活保障制度”试点（1993）
1993—1997	分税制、税利分流、经济特区、国有企业建立现代企业制度、国家控股公司制度、城镇职工医疗保险制度改革、城市改革、国企优化资本结构、国有大型企业和企业集团重点建设、医疗保障制度改革 例：全国9个省级地区进行“分税制”试点（1992）；全国百家企业开展“建立现代企业制度”试点（1994）；江苏镇江、江西九江进行“城镇职工医疗保障制度改革”（1995）
1998—2002	国有企业改革、小城镇户籍管理制度改革、农村税费改革、退耕还林、社会公益类科研机构改革、失业保险制度、退休人员社区管理服务、城镇社会保障体系改革、央企收入分配制度改革 例：全国382个小城镇进行“小城镇户籍制度改革”试点（1997）；四川、陕西、甘肃开展“退耕还林还草”试点（1999）；安徽等地进行“农村税费改革”试点（2000）；辽宁开展“完善城镇社会保障体系”试点（2001）

续表

时间（年份）	试点领域及举例
2003—2007	国库集中收付制度改革、农村新型合作医疗制度、农村税费改革、完善城镇社会保障体系、相对集中行政处罚权、新型农村合作医疗制度、农村医疗救助制度、中小学现代远程教育工程、国有商业银行股份制改造、城镇医疗卫生体制改革、农村信用社改革、增值税转型改革、行政综合执法、城市医疗服务体制改革、农村计划生育家庭奖励扶助制度、“上生快富”扶贫工程、企业职工基本养老保险做实个人账户、农村综合改革、文化体制改革、循环经济、部分城市和国有企业厂办大集体改革、社区首诊制度、煤矿瓦斯综合治理和利用的科技攻关工程、农业政策性保险、资源枯竭型城市经济转型、以大病统筹为主的城镇居民基本医疗保险、国有资本经营预算编制 例：广东、重庆等地开展“综合行政执法”试点（2002）；全国304个县（市、区）开展“新型农村合作医疗制度”试点（2003）；黑龙江、吉林、安徽和湖北4省进行“乡镇机构改革”试点（2004）；全国89个地区、170个单位开展“文化体制改革”试点（2006）；全国79个城市开展“城镇居民基本医疗保险”试点（2007）
2008—2012	资源型城市经济转型、教育部直属师范大学实施师范生免费教育、城镇职工基本养老保险做实个人账户、城镇居民基本医疗保险、创业风险投资、国有资本经营预算制度、政策性农业保险、公立医院改革、经济特区、事业单位基本养老保险制度改革、农村危房改造、部分住房公积金闲置资金补充用于经济适用住房建设、排污权交易、新型农村社会养老保险、跨境贸易人民币结算、事业单位分类改革、农村儿童白血病、先天性心脏病医疗保障、社区首诊、免费孕前优生健康检查、用电大户与发电企业直接交易、资源税改革、跨境贸易人民币结算、低碳城市、城

续表

时间（年份）	试点领域及举例
2008—2012	镇居民养老保险、适龄妇女宫颈癌乳腺癌免费检查和救治保障、三网融合、云计算、物联网、湖泊生态环境保护、中小学教师职称制度改革、营业税改征增值税、境外直接投资人民币结算、国有林场改革、物流企业营业税差额纳税、大病保障和救助试点 例：全国范围内10%的县级地区启动“新型农村社会养老保险”试点（2009）；全国16个城市进行“公立医院改革”试点（2010）；上海开展“营业税改增值税”试点（2012）
2013—2017	农村土地承包经营权登记、公立医院改革、营业税改征增值税、排污权交易、碳排放权交易、重大疾病保障、上海自由贸易试点区、现代农业综合配套改革、疾病应急救助试点、国有资本投资运营公司试点、农业深松整地、农村土地制度改革、供销合作社综合改革、国家自主创新试点区、民营银行、“沪港通”试点、城乡居民大病保险试点、输配电价试点、股权众筹融资、跨境电子商务综合试点、粮食作物改为饲料作物、新型城镇化综合试点、特大镇扩权增能、省级深化医改综合试点、国土江河综合整治、投贷联动试点、“证照分离”试点、市场准入负面清单制度、服务业综合改革、股权多元化改革、消费金融公司、耕地轮作休耕制度、地下水超采区综合治理、分级诊疗试点、养老服务业综合改革、健全国家自然资源资产管理体制试点、全面创新改革试点、知识产权综合管理改革、山水林田湖生态保护工程、高考综合改革、医疗联合体建设 例：上海、浙江开启高考综合改革试点（2014）；河北、浙江等4省开展供销合作社综合改革试点（2014）；北京、上海等7省市开展碳排放权交易试点（2015）；全国33个县市开展农村土地制度改革试点（2015）

续表

时间（年份）	试点领域及举例
2018—2021	省级以下环保机构垂直管理制度改革试点、企业投资项目承诺制改革试点、创业投资、天使投资税收优惠政策试点、国有资本投资、运营公司等改革试点、耕地轮作休耕试点、国家公园体制改革试点、科研项目经费“包干制”改革试点，科创板试点注册制、长期护理保险制度试点、农村土地征收、集体经营性建设用地入市、宅基地制度改革试点、政策性农业保险改革试点、山水林田湖草生态保护修复工程试点、在中西部地区增设自贸试点区、服务业扩大开放综合试点、医疗门诊费用跨省直接结算试点、职业伤害保障试点、要素市场化配置综合改革试点、农村宅基地制度改革试点、贸易外汇收支便利化试点、国家医学中心和区域医疗中心建设试点、市域社会治理现代化试点 例：开展省级以下环保机构垂直管理制度改革试点（2018）；推进企业投资项目承诺制改革试点（2018）；设立科创板并试点注册制（2019）；开展门诊费用跨省直接结算试点（2020）

注：表内信息根据（周望，2013：31-46）、2014—2021年国务院政府工作报告整理，时段分界大致以中共中央委员会政治局换届为时间节点。

根据上表信息可以发现，在政策领域上，改革开放以来试点在经济体制改革中运用最多，而伴随着改革深入，试点在覆盖领域上经历了由经济改革向各个领域扩展的过程。改革开放启动到20世纪90年代初期，市场化经济改革是试点的最重要主题。20世纪90年代中后期，财政制度、科学教育文化体制和社会保障制度改革领域的试点比重增大。进入21世纪后，社会保障制度改革则成为了试点的重要领域。而中共十八大以来，在全面深化改革的背景下，试点的运用更加广泛，尤其在科技创新、文化体制改革、教育体制改革、环境保护的比重都在不断加大。从信息中还可以看出，在地域上，上海、广东等东部沿海地区是经济体制改革和科技创新试点的前沿阵地，贸易开放、价格开放、股份合作制等市场化改革都是从这里的试点开始的。

试点在改革实践中的应用如此广泛，其影响必定深刻。但学界对试点的研究直到近十余年才成为一个热门话题（Heilmann, 2008a, 2008b; 刘培伟，2010; 周望，2013; 杨宏山，2013; 李振，2014；刘伟，2015；梅赐琪等，2015；吴怡频等，2018；唐斌，2018；李智超，2019；赵慧，2019；刘然，2020），这种研究氛围的变化与“中国模式”这一宏观议题的兴起有关。改革开放以来，中国的社会政治稳定和经济高速增长长期并存，这受到国内外学界的关注和研究。伴随实证研究的积累和本土学者加入讨论，“中国模式”研究兴起（潘维，2009；郑永年，2010；Halper，2010）。正是在这一背景下，作为中国特有的政策工具和施政策略的试点就成为学界研究的一个重要对象。以往在解释中国经济制度转型成功和高速经济增长上的关键因素——渐进主义策略和中国式分权体制——恰恰是中国试点得以实现的两大结构要素，因此试点可看作“中国模式”的一个重要标识，也是解释中国政治体制韧性及经济社会制度转型成功的重要环节。

学者们围绕试点的形成和演化过程、特征和类型等主题展开研究。

第一，学者发现试点这一施政方法植根于中国共产党的工作传统中，并经历了不断的规范化过程，现已成为中央政府制定政策和推广政策的最主要工作方法。周望（2013：18–25）细致考察了试点的源起，发现早在20世纪20年代末的闽西革命根据地建设中，中国共产党就曾运用了试点方法来探索土地改革如何推行，随后党的领导层认为这一方法值得推广，并通过这一方法制定了《土地问题决议案》。

1963年9月，《人民日报》发表文章专门说明了典型试点方法的科学性和运用策略，文中称试点的优势为“用可能发生的小失败来防止大失败的好办法……在试点中得到了正确的认识和正确的经验，锻炼了骨干，有了活的榜样，在推广的时候，就可以少走一些弯路，做得更快更好”[1]。德国学者韩博天（Heilmann, 2008b）将这些优势概括为，在中央控制下的试点方法有效地降低了政策制定的盲目性，同时在试点过程中能够教育干部和群众，为国家政策的出台和执行打下良好的政治基础。改革开放后，试点成为了初期改革的最重要源泉——“改革固然要靠一定的理论研究、经济统计和经济预测，更重要的还是要从试点着手，随时总结经验，也就是要‘摸着石头过河’”（陈云，1980）。政策从局部试点到全面推行已经逐渐成为中国公共政策扩散的基本路径。有学者指出，在中国主要存在四种政策扩散类型——自上而下的层级扩散、自下而上的采纳推广、区域与部门间扩散和先进向跟进地区扩散（王浦劬，赖先进，2013）。而试点被广泛应用于这些政策扩散类型中。党的十八大以来，党中央多次强调通过试点示范带动全局发展的改革策略。

第二，与其他国家相比，中国试点具有两个核心特征，一是地方试点是形成全国政策的主要来源，二是试点是在中央政府的控制下进行的，而这两者又密切相关。中国试点区别于发达国家

[1] 《典型试点是一个科学的方法》，《人民日报》1963年9月20日。

的试点模式，两者发生时期不同，在政策制定过程中扮演不同角色。发达国家的试点通常出现在国家政策制定或法律颁布完成后的执行阶段，其作用是为政策的细节调整提供依据。但在中国的制度转型过程中，地方试点启动于国家政策或法律颁布前，试点结果直接影响到中央改革议程的设定和具体政策规则的制定（Heilmann，2008a）。在改革的早期，试点启动往往遵循“先行先试”原则，即地方尝试政策创新后向上级政府或中央相关职能部门申请授权和支持（包括政策支持、领导支持和财政支持），得到授权后正式启动。随着改革开放的深入，顶层设计逐渐加强，政策试点的启动往往是在中央出现改革动议后，主动选择发起试点。但无论试点如何启动，在试点中存在诸多反馈，帮助中央政策制定者不断对改革方案进行调整直至形成国家政策或法律。有学者据此指出试点有效激发了地方政府的改革热情，降低了改革可能遇到的阻力，加速了典型经验的扩散速度，提升了国家政策创新能力（杨宏山，2013）。此外，试点常常在中央政府控制下进行。有学者注意到，虽然在发达国家以及近年来兴起的欧洲试点主义治理模式中也出现了国家政策制定前的地方试点现象（李振，2014），但这一现象是联邦制或类联邦制下的地方自治的体现，而非像中国一样在中央政府的指导和监督下进行。梅赐琪（2015）等学者以1992—2003年《人民日报》所有的地方试点报道为基础对进行了特征分析，发现虽然在某些经济发达省市、地区存在地方自发的试点，但中央政府始终掌握着对试点的最终控制权。韩博天（Heilmann，2008a）据此指出，中国试点目标由中央制定，试点过程受到中央个上级政府的逐级审批和监督指导，试点只是探索能够达成目标的政策工具，而对政策工具的选择权也始终归属中央。刘培伟（2010）则进一步指出，中央对试点控制又常常是不稳定的，这种控制强度取决于中央在维护政治秩序和解决实际问题中做出平衡。

第三，学者们对试点进行了分类。周望（2013）依据试点目标将试点细分为探索型试点、测试型试点和示范型试点。探索型试点产生和运行的基本形式是，通过获得上级政府或职能部门的授权，进行政策创新，探索新的制度模式，通常发生在制度改革的开始阶段。测试型试点的目的是，在顶层设计的背景下，出于调整、完善制度模式的考虑在某一范围内观察新制度的运行情况，常常发生在某项改革的中后期。示范型试点的目的在于通过典型示范，宣传和展示一项新制度的创制、成效和运作办法，供其他地区考察和模仿，便于政策在全国范围内的扩散和推行。每种试点都大致包括试点展开和成果推广两个阶段。此外，朱旭峰等学者从中央对试点的不稳定控制出发，以中央政府是否设定政策目标、是否提供政策工具，以及提供政策工具的类型为分类标准，将试点分为四个类型，即“分级制试点”“对比试点”“选择性认可”和“适应性协调”（Xufeng Zhu & Hui Zhao, 2018）。赵慧（2019）则以“可推广性的不确定性”和“有效性的不确定性”两个标准将试点划分为示范型、扩面型、择优型、综合型四类，每一类都具有独特的试点机制。刘然（2020）则从类似的“政策后果的不确定”和“政策工具的不确切性”两方面将政策试点区分为“试对”“试错”“示范”和“深化”四类。也有学者将试点在发展阶段上进行区分，刘伟（2015）就指出，运用试点进行政策制定会经历三个不同的阶段：在前试点阶段，有政策目标、无政策内容、无政策工具，在试点阶段，有政策目标、有政策内容、无政策工具，在后试点阶段，政策目标、政策内容、政策工具则都存在。

第四，学者们还对试点发生和扩散中的影响因素进行了分析。如唐斌等（2017，2018）剖析了农村政策的复杂图景，发现农村政策试点的动因主要来自“压力过激”和“环境适应”两个方面。李智超（2019）发现地方政府进行智慧城市试点时存在多重逻辑，即起始阶段为效率逻辑与行动者逻辑的结合，在局部推广阶段是合法性逻辑与行动者逻辑的结合；而在全面推广阶段则是合法性逻辑主要发挥作用。还有学者基于大量试点案例，运用定量或定性分析工具找寻导致试点结果差异的因素，吴怡频等学者（2018）认为经费来源、实施方案以及发起机构的专业性是影响试点执行效果的主要因素。还有学者发现，缺乏中央政府经费支持、试点效果差、地方政府行政压力小和学习动力弱是试点夭折产生的必要条件；中央机构职责清晰、利益协商一致是试点局部推广的必要条件；中央推动力强、政策试点效果好、地方政府行政压力大和政策目标单一是试点推广至全国的必要条件（陈宇等，2018）。

以上学界围绕试点进行的研究为分析试点与制度变迁的关系提供了很好的理论基础。试点在改革开放进程中扮演了如此重要的角色，而不同类型的试点在政策过程中的地位和影响也有所区别，试点发生在中央到地方再到基层的政策执行过程中，当然也发生在制度从一种形态到另一种形态的变迁过程中。那么，究竟试点如何影响和塑造制度变迁，将在后文尝试进行解答。

二、为什么是养老保险?

本书选择养老保险制度作为研究对象，是因为人类进入工业社会以来，养老保险作为国家社会保障体系中的一个重要组成部分，对一个国家的社会经济境况有重要影响，同时也是反映一国政治经济结构的重要政策领域。学界围绕福利国家（社会保障体系）的出现和扩张的动力机制及影响进行了广泛的讨论，形成了大量理论成果（冯维等，2018）。

养老保险制度的发展经历了一个漫长过程，形成了不同的制度模式。工业革命前，个人老年福利的保障主要依靠个人储蓄、家庭养老和社会救济；工业革命后，才出现了政府建立的养老福利保障制度。不同的养老保险制度模式体现不同的政府责任和财富再分配倾向。学者艾斯平·安德森以社会政策的“反商品化”程度为标准，将发达国家的福利国家体制分为三种，分别为自由主义体制、保守主义体制和社会民主体制。相应的养老保障制度也可以分为三种类型，如表 1–2 所示。养老保险是其中最为重要的组成部分，它通过划分国家、企业、个人的保障责任，经过社会统筹建立基金用于支付养老金，从而消除个人老年时面临的生活福利风险。与其他养老保障制度相比，它在再分配倾向和应对社会老龄化危机上具有自身的特征。自 1989 年在德国首创以来，全球近 170 个国家推出了自己的养老保险计划。而养老保险制度的具体制度设计又分为现收现付制和基金积累制两类。两者在共济性和应对社会老龄化危机方面也具有明显区别。

现收现付制是指政府从企业或职工征收养老保险基金，用于支付当期已经退休职工的养老金，再分配方式为“代际救济”。实行“受益基准制”（DB: Defined-benefit），即参保人缴费时养老金待遇已经根据预期生活水平标准确定。现收现付制的基金管理压力小，运行成本低，应对社会老龄化的能力低。

基金积累制是指雇员在工作期间以固定缴费率在个人养老账户上积累资金，退休后根据积累数量领取养老金，再分配方式为“同代自养”。实行“缴费基准制”（DC: Defined-contribution），参保人养老金待遇取决于个人贡献和基金的投资回报率。基金积累制的基金管理压力大，运行成本高，应对老龄化的能力高。

表1-2 养老保障制度模式

养老保障制度类型	救助型	保险型	普惠型
资金来源	一般税收	社会保险基金（大多为个人、企业按比例缴费，国家财政补贴）	一般税收
给付范围与待遇水平	通过家计调查确认救助范围，给予最低生活保障	主要覆盖企业雇员，养老金收入以工作年限和个人工资为基准	覆盖所有公民（有些强制立法全民参加），给予全面保障

续表

养老保障制度类型	救助型	保险型	普惠型
制度主体与政府责任	政府立法并直接管理 政府立法＋慈善组织运作	政府立法并直接管理 市场运作＋政府立法与监管 自治组织运作（如工会、互助会、基金会）＋政府立法与监管	政府立法并直接管理
再分配的价值取向	维持市场原则，强调家庭保障，政府仅仅对弱势群体进行补助，低共济性	强调政府引导社会互助与团结，企业和个人对福利保障负有责任，共济性适中	政府根据公民权对全民福利负有责任，推行普遍保障，高共济性
代表国家（引入时间）	美国（1937） 芬兰（1937）	德国（1889） 意大利（1919） 法国（1930）	丹麦（1891） 瑞典（1913）

资料来源：结合袁志刚等，2016：第二章；Barr & Diamond，2010:Chapter 2.

20世纪70年代，发达国家经历了老龄化高速增长，现收现付模式无法应对逐渐高涨的养老金支付数额，于是世界银行专家设计了基金积累制，20世纪80年代智利向基金积累制转型的成功经验对包括中国在内的很多国家的养老金模式选择和转型产生了深刻影响。综合救助型和普惠型的养老保障制度，以应对社会老龄化能力和共济性为标准对这些制度进行如下划分，见表1-3。

表 1-3 不同养老保障制度共济性与抗老龄化区分

		应对社会老龄化能力	
		高	低
共济性	高	普惠型养老保障制度	现收现付制养老保险制度
	低	基金积累制养老保险制度	救助型养老保障制度

很多国家为了综合现收现付制和基金积累制的优点，采用了混合制度。例如，瑞典等国家20世纪90年代末实行的名义账户制（NDC: Notional defined-contribution），该制度在融资上采用现收现付制，在计发方法上采用缴费基准制，个人账户仅对个人缴费进行记账而没有实际资金在运转，个人账户的记账记录再结合工资增长率等因素确定养老金待遇。这种制度设计旨在维持低运行成本的同时保证合适的养老金待遇水平。中国现行的养老保险制度也是一种独特的混合制度——“统账结合”模式，并受到了国际学者专家的充分肯定。[1]

有关养老保险制度的既有研究发现，养老保险制度的演进和具体政策的变革往往反映着一个国家的经济基础、政治结构和政策过程特征。有学者从国家政策遗产、政策过程、政策决策等视角来分析养老保险制度变迁，其中最具代表性的研究就是皮尔森等学者的研究。20世纪80年代，发达国家普遍对养老金制度进行了调整，但调整的内容和成效大不相同，皮尔森和迈尔斯指出这种差异的根源是过去的制度设计和项目设计上的不同所导致的。不同的制度设计下形成了不同的政治联盟，后者在调整时期

[1] 参见国家体改委国外经济体制司、分配体制司，1989，《弗里德曼教授等外国专家对我国社会保险制度改革的几点意见》，载于《中国劳动》第7期。

广泛地影响了决策者的改革决策。在同样具有鲜明自由化特征福利国家中的英国和美国，在改革前期，英国的公共养老金计划实行时间短、激励性差，民众很愿意参与改革时期政府推出的私营保险项目；而美国的公共养老金计划实施多年，体量庞大，并积累了坚固的政治支持，因此美国政府无法效仿英国政府在养老金领域实现有效的公共福利紧缩和私有化改革（Myles and Pierson; Pierson 1995）。

我国养老保险制度的变迁也可以成为观察和分析我国治理体系建构、经济体制转型、政策过程特征等重要问题的一个丰富而生动的切入点。改革开放以来，养老保险制度的重塑是国家社会保障体系建设的重大成就，而有关它的模式选择和制度碎片化问题也是学界讨论的热门话题。统一的养老保险制度和一体化的社会保障体系，是形成全国流通顺畅的劳动力市场的必要制度基础，是国家治理公平和平等价值的体现。因此，以养老保险制度为研究对象既可以实现对试点的观察，同时也兼具了重要的理论和现实意义。

此外，基于本书研究方法运用的考虑，养老保险制度也是考察中国试点的一个绝佳对象。第一，本研究关注的问题是试点对制度变迁的影响，想要阐释的是构建全国统一制度的过程中试点扮演的角色及其功能影响。改革开放以来，我国养老保险制度改革历经40余年制度变迁，空间上各省市地区、城乡相继推进，时间上经历探索、深入、统一和完善的不同时期，其空间和时间跨度为完整观察试点实施及制度变迁的过程提供了可能。第二，试点在改革开放以来的养老保险制度改革中得到了广泛应用，且试点的类型多样，这就为比较研究提供了足够的案例，如下页图中所示。本书将选择养老保险制度体系下，不同制度的变迁历程作为案例进行回溯研究，并展开比较研究，包括机关事业单位养老保险制度、城镇企业职工养老保险制度和城乡居民养老保险制度，其中城乡居民养老保险制度在2014年初由试行不久的城镇居民养老保险制度和新型农村养老保险制度合并而成，后者是这一制度的主体。新型农村养老保险制度简称为“新农保”，是相对于之前实行的“老农保”而言的。因此本研究用于比较的四个案例就是城镇职工养老保险制度、机关事业单位养老保险制度、新农保制度（城乡居民养老保险制度）和老农保制度。

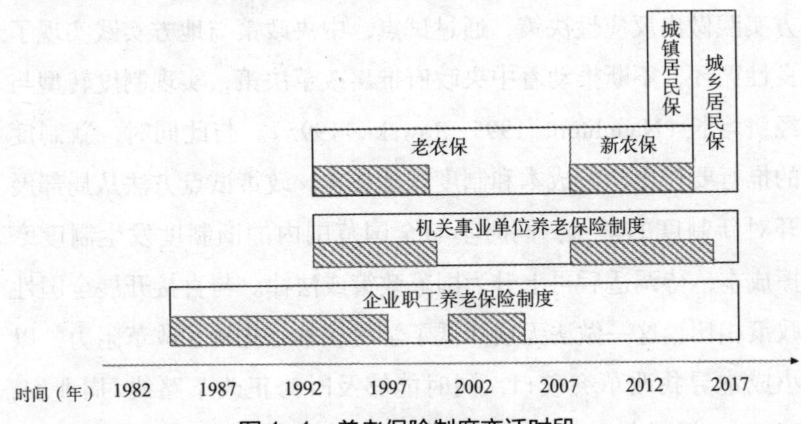

图1-1 养老保险制度变迁时段

（注：图中的阴影部分为重要试点阶段。）

三、理论框架与研究方法

上文对本书的研究对象进行了介绍，说明了研究主题的学术意义与现实关怀。但是，从试点的视角出发讲清楚改革开放以来

我国养老保险制度的变迁历程，阐明试点在这一制度变迁过程中的功能及影响，还需要搭建起试点与制度间的理论桥梁。本节将以已有研究为基础，建立一个试点作用于制度变迁的解释理论。

涉及试点与制度变迁关系的研究成果主要集中于经济制度改革领域，并围绕试点的两个特征展开，一是渐进主义，二是分权结构。渐进主义研究的核心结论是：试点的现实导向性为制度改革指明方向，同时它的渐进性会降低制度改革的成本和风险。有学者指出，与苏联或波兰式迅速进入市场制度的激进改革不同，中国的早期制度改革没有设定具体的目标制度范本，而是根据地方实践做出反应性决策，通过试点，中央政策与地方实践实现了良性循环，不断推动着中央政府推出改革决策，实现制度转型与经济增长（Naughton，1995；Rawski，1995）。与此同时，新制度的推行要付出学习成本和制度摩擦成本，政策试点方法从局部展开对新制度的学习，同时不与全国范围内的旧制度发生制度摩擦成本，待调适后再上升为国家政策或法律。与直接开展全国性政策相比，这一做法无疑降低了学习成本、化解了改革阻力，以小成本寻找改革突破口，同时能够及时修正改革路线（周业安，2000）。杨瑞龙（1998）基于新制度经济学同样从制度成本与收益的角度进行分析，发现在改革的很长时期内，由中央政府凭借行政指令和立法来推动制度改革的模式面临着降低交易费用和实现租金最大化的悖论，而单纯由社会力量推动的模式则由于经济环境的诸多不确定性而同样面临着激励困境。相比之下，由地方政府主导的“中间扩散型”是可以实现制度创新与变迁的最佳模式，而试点正是这一模式的具体运行方式。在分权结构方面，有学者认为试点中的分权能够使地方政府获得开展经济试点的足够空间，并在地区间竞争的制度激励下实现制度改革和经济增长。(Qian, Roland and Xu, 1988; Montinola, Qian and Weingast, 1996; 周黎安, 2007)。而温州的改革个案也说明，地方试点的深入和推广有利于制度改革政策的延续(Parris, 1993)。在经济制度改革以外的政治和社会制度改革中，试点也会发挥降低制度改革风险和成本的作用(徐湘林，2002; 王绍光，2009)。

学者对试点促进制度改革方面的研究不断深入的同时，也有学者指出试点对制度改革存在着一定负面影响。如周望(2015)发现随着改革环境的变化，试点影响制度变迁的阻碍效应也在逐渐显现。这主要体现为两个矛盾，即试点与非试点的制度摩擦和试点性政策与法律法规的制度冲突。前者指不同地区新政策推进的时差会导致制度变迁的多轨并行情况，这会导致完成制度统一的成本上升；后者指在法制化背景下，试点政策有时会威胁到法律体系的统一性，甚至会为“违法”创造制度空间。岳经纶和赵慧(2011)也发现，广东省东莞市在试点中实现了城乡居民养老保险的统筹合一，但这一成果在中央政府带有城乡分割特色的调控政策下发生了再碎片化过程。

综合已有研究可以整理为下图。不难发现，渐进主义与分权结构是试点影响制度变迁的两条路径，他们在已有研究中被作为常量。但在现实中，试点的这两点属性是存在变化和差异的，有的试点推进快一些，有的则慢一些，有的试点中地方政府权力很大，有的则很小。而当这两点属性存在差异，试点在推动制度改革的积极影响和消极影响也会随之变化。因此，需要在已有研究基础上做出更为细致的理论解释。

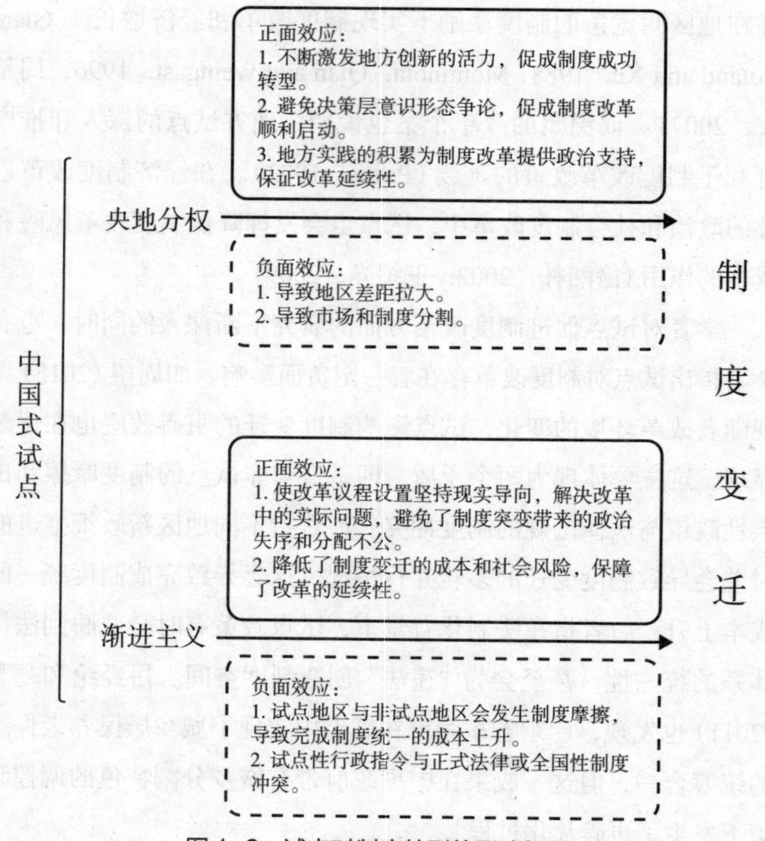

图 1-2 试点对制度转型的影响机制

本书以推广效度和分权程度两个标准对试点进行分类，如表 1-4 所示。其中推广效度可以从试点区域的空间扩展速度和改革对象的试点实现程度来考察，分权程度则可以从中央试点方案的多寡、具体制度设计的决策权归属和试点进程中上级部门的督导强度三个方面来衡量。

表 1-4 政策试点类型

		分权程度	
		高	低
推广效度	强	高分权、强推广	低分权、强推广
	弱	高分权、弱推广	低分权、弱推广

这四种不同类型的试点会如何影响制度变迁呢？回答这个问题需要回到制度变迁的一般规律。制度是社会科学的重要研究对象，著名的制度研究者诺斯将其定义为"人为设定的用以塑造人类互动的约束"（North, 1999:3）。诺斯还指出，制度一经形成就很难变化，因为建立新制度总是要去付出学习等社会成本，旧制度的参与者越多，反对新制度的力量就越大（North, 1990: 95）。

那么制度如何才能改变呢？新制度经济学学派的研究以科斯（Coase, 1960）的交易成本理论为基础，认为诸如公司、私有产权等制度的创制，是为了通过解决信息不对称问题、降低交易成本和纠正市场失灵等方式来提高生产效率、改善社会福利。而在社会发展过程中，那些改变生产要素总量或结构（关键是改变了"相对价格"）的事件，如对新技术的应用或重大传染性疾病的出现等，都会导致制度变迁（North, 1981; Ruttan & Hayami, 1984; Williamson, 1985; Ostrom, 1900; Greif, 2006）。按照这一理论观点，如果没有技术创新或社会灾难等重大变革发生，制度也将长此以往而不会变迁，这显然与历史真相不符，历史上不仅有大变革下的制度突变，也有漫长岁月中的制度渐变。

进而要问，制度如何发生渐变呢？诺斯曾从正式规则与非正式规则的互动来观察和解释制度渐变。他将制度分为正式规则和非正式规则，前者指如法律、球赛规则等以明确条文形式确立的书面规则，后者指没有明文规定，但却被人们广泛作为行为准则看待的规范，如社会习俗、生活惯例和职业伦理等。诺斯进而认为“正式约束和非正式约束的复杂组合使得在特定条件下的连续渐进的变迁成为可能。正式规则与非正式规则的微小变化，会随着时间的推移而逐渐地改变制度框架，进而演化出一个与初始状态不同的选择集合”（North, 1990: 68）。但对于这种演化的机制，诺斯没有进一步说明。

历史制度主义学者对制度渐变进行了研究，并提出了这种演化背后的政治权力斗争过程。西伦指出“制度变迁常常发生在规则的解释与实施，为行动者提供执行现规则的新方式的时候”（Mahoney & Thelen, 2010: 4）。首先，制度的正式规则下人们常常具有很大的自由裁量空间，这种模糊性为人们遵从正式规则的具体程度和形式提供了选择空间，因此在制度运行中，正式规则与它的具体实施情况会存在差异。其次，这种对正式规则的不完全遵从会导致各利益集团间权力资源配置发生变化。最后，当现行制度的反对者掌握足够权力或结成改革联盟后，正式规则的修改就会发生。综上，制度变迁的动力不仅源自外部重大事件，也可以源自内部运行中的权力变化。据此，制度变迁可以分为四种类型，即层叠（Layering）、漂移（Drift）、替代（Displacement）和转换（Conversion）（Streeck & Thelen, 2005: 31）。“替代”是指新制度取代旧制度；“层叠”是指将新规则附加在旧规则之上；“漂移”是指制度形式未变，但受到社会情境变化而制度结果变化；“转换”是指制度参与者对制度形式进行了全新的解读和执行而导致制度结果的变化。结合权力分配的情况，当新制度的支持者相对旧制度的支持者取得绝对政治优势，制度发生替代；当新制度的支持者相对旧制度的支持者没有绝对政治优势，但对制度进行了部分形式改变，制度发生层叠；或社会情境发生变化导致制度结果变化，发生制度漂移；或制度参与者执行改变导致的制度结果变化，发生制度转换。

以上理论解释中国改革开放以来的制度变迁具有一定适用性，但需做出调整。第一，在中国“人民至上”取向的制度改革中，新旧制度背后的支持者不仅仅是决策层的不同政见者，还是地方形成的政策执行实践模式和已经受益的群众及地方政府或企业组织。蔡欣怡（Tsai, 2006）就曾指出，在改革开放初期，地方私营经济部门为了突破已有制度限制、寻求自身发展，与地方政府等行动者形成了区别于正式法规的互动模式（惯例或地方临时性规定），作者称之为“调适性非正式制度（Adaptive informal institutions）”，文章认为正是适应性非正式制度的积累推动了中央决策层修改正式法规、不断推进发展市场经济。第二，中国的制度改革始终就在社会情境的变化之中，两者时常互为因果。不仅社会情境，相关制度环境也在发生变化。在不同社会情境或制度环境的地区试行不同改革也是试点中的常见做法，但当最终制度统一时，往往不能使各个地区的制度执行逻辑统一、步调一致，实际上这类试点是在制造制度漂移。第三，同样在不同的社会情境和制度环境下，地方上不同的政策执行模式所带来的多样化的制度转换最终会导致制度的高度碎片化，甚至是统一制度的失败。第四，中国的政策改革存在很多制度层叠现象，但一般在旧制度中加入新的制度形式要素时，试点的选择和推广往往是很有限的，因此是一种有限的制度层叠。

综上，结合前文，本书将试点的四种类型对应四种制度变迁模式，如表 1-5 所示。本文将使用“反应性试点实践”这一概念来概括试点与制度变迁中的作用机制，使用“反应性”是为了与纯粹地方自发型试点实践相区分，它是指在试点过程中积累的实践，这种实践形成于行动者在地方实际条件和中央控制条件下的策略选择，并不断演化和发展，是制度内生性变迁的动力，是正式制度法规修改的基础。“反应性试点实践”包括两个方面，既包含了在试点时期各行动者形成的互动模式，也包含了行动者对制度改革的态度和期望，它为制度转型提供方案构想和社会基础。在不同类型的试点中，实践的积累和发展模式不同，这就意味着在为改革方案的制定提供借鉴、为方案颁布提供政治支持以及为统一制度的推广奠定群众基础等方面的作用存在差别，即行动者结成了不同的改革联盟格局，并最终决定了制度变迁的路径特征和制度运行效果。

表 1-5　试点与制度变迁

		分权程度	
		高	低
推广效度	强	制造制度漂移型	主导制度替代 / 纠偏型
	弱	导致制度碎片型	有限制度层叠型

本书采用比较分析的研究方法。“比较”的论证逻辑源于 19 世纪中期密尔在《逻辑体系》中提出的求同法和求异法，有学者称之为“差异最大化系统设计”和“差异最小化系统设计”（Przeworski & Teune, 1982）。所谓求同法，即用个案间共有的因素（自变量）来解释它们共有的另一因素（因变量）；而求异法是指

在控制个案间的大量因素相似的条件下，通过考察两因素（自变量和因变量）同时出现和不出现的一致性来论证因果关系。为了实现更有效的论证，求同法与求异法常常共同使用。

如上文所述，本文选择的案例是机关事业单位养老保险、城镇企业职工养老保险和城乡居民养老保险，其中城乡居民养老保险由新型农村养老保险制度和城镇居民养老保险制度在2014年合并而成，前者是该制度的主体，而农村地区实际上在20世纪90年代就进行了养老保险的试点，但这时形成的制度被称为“老农保”，老农保在20世纪90年代末被中央勒令停止。因此本文的四个案例是“企业职工保”、“机关事业保”、“新农保”和“老农保”。这四个案例刚好分属于本研究区分的四个试点类型，如表1-6所示。

表1-6 比较案例与类型对应

<table>
<tr><td colspan="2" rowspan="2"></td><td colspan="2">分权程度</td></tr>
<tr><td>高</td><td>低</td></tr>
<tr><td rowspan="2">推广效度</td><td>强</td><td>城镇企业职工养老保险
（制造制度漂移型）</td><td>“新农保”
（主导制度替代 / 纠偏型）</td></tr>
<tr><td>弱</td><td>“老农保”
（导致制度碎片化型）</td><td>机关事业单位养老保险
（有限制度层叠型）</td></tr>
</table>

在这四个制度中，老农保的制度碎片化程度最高，各地在缴费、待遇标准和基金管理等各个方面均存在很大差异，甚至无法形成全国性统一方案，在试点多年后夭折。新农保的制度碎片化程度最低，全国各地均按照国家的统一规定执行，统一制度方案颁布后制度推广快、运行顺畅，顺利实现制度替代。而企业职工

保在缴费率、征管部门等方面存在较大差异，曾出现对中央规定的明显偏离，制度一度发生显著的漂移现象。相比之下，各地的机关事业保在制度上基本遵循了中央制度规定，但在有些地区会出现“补丁”式的补充政策，呈现层叠式变迁的显著特征。

第二章　农村养老保险制度变迁历程

改革开放后，我国农村养老保险制度的改革和建设历程长达30余年，历经了两次重要的试点时期，即1992—1998年的“老农保”时期和2009—2014年的“新农保”时期。老农保和新农保所处的试点在分权程度和推广效度的特征上都不同，最终形成全国统一建制的结果也截然相反——老农保在经过六年多的试点后被中央叫停，未能形成全国统一的制度改革方案。而新农保仅仅3年就提前完成了新制度的全国覆盖，它也是养老保险制度体系中试点最顺利、推广最快、碎片化程度最低的制度。

一、老农保试点的兴起与夭折

改革开放前，我国实行公有制计划经济，农业服务于工业化，城市职工的福利保障优于农村居民。农民的养老保障主要依靠集体经济互济和代际间家庭供养两个途径。在集体互济方面，1955年农村实行生产合作社后，政府提出合作社可以将剩余收入的部分资金作为公积金和公益金，用于农村文化和福利事业，其中包括给予孤寡老人或丧失劳动能力的老人现金或物质补助（《高级农业生产合作社示范章程》，1956）。而受到中国宗法社会结构和孝道文化传统的影响，家庭内供养一直是养老保障的主要方式。直到1993年，党的十四届三中全会时仍将农民养老的主要承担主体定位为家庭（《中共中央关于建立社会主义市场经济体制若干问题的决定》，1993）。随着改革开放的经济体制转型，社会结构也在发生变化，集体互济和家庭养老的作用逐渐减弱，社会保障体系也经历了重整与重建。农村人口养老保障的责任主体从家庭和集体经济单位过渡到国家和个人。

1978年12月通过的《农村人民公社工作条例（试行草案）》中指出，有条件的基本核算单位可以试行养老金制度，这是中央文件中首次提出在农村地区建立养老保险制度，“有条件”的地区指的是农村地区中的相对富裕地区。但当时地方进行制度创新建立养老保险制度的现象并不多见，中央政府正式启动试点在8年后。1986年4月，全国人大通过了“七五”计划，“七五”计划中的社会保障事业部分提出了建立健全社会保险制度的任务，其中特别强调要抓紧研究建立农村社会保险制度。当时地方政府在城市地区已经展开了企业职工养老保险制度的改革试点，相比之下，农村地区制度发展明显滞后，引起了中央政府重视。当时主管农保工作的民政部相继召开了数次座谈会讨论开展农保的试点工作，并在1992年初建立了农村社会养老保险事业管理办公室，负责部署试点及拟定基本方案。同年民政部就印发了《县级农村社会养老保险基本方案（试行）》（民办发【1992】2号），标志着老农保试点期的开始。

民办发【1992】2号文件中规定，老农保的基本原则是“个人缴纳为主，集体补助为辅，国家给予政策支持”。集体补助部分

主要从乡镇企业利润中支付，但具体补助方法和标准由地方政府或企业自定。“政策扶持”主要包括对乡镇集体补助允许税前列支。在具体制度设计上，投保单位以村、乡镇为主，但乡镇企业职工、民办教师等可以通过企业和所在单位投保。然而，国家农业农村部1992年出台的《关于乡镇企业职工养老保险办法》(农业部发【1992】20号）中规定乡镇企业职工（同样属于农村居民）可以在中国人民保险公司投保。指导文件在规定上的重叠和不统一导致了地方制度执行的多样化发展趋势。在管理上，民办下发文件要求各县成立农村社会养老保险事业管理处（隶属民政局）经办业务，隶属民政部。缴费标准方面，试行方案中设立了月缴费2~20元十几个档次，而缴费范围和时间由地方政府自定。在待遇确定方面，不同缴费对应不同的养老金额度，养老金包括个人账户和集体补助两部分，在执行过程中，各地区的补助程度和补助形式差异大，很多地区只实行了个人账户部分。基金管理上，文件要求由县级政府设立农村社会养老保险基金管理委员会承担基金的保值、增值工作。基金存入银行，记账利率高于银行储蓄利率。基金可以用于购买国债，但不能用于地方投资。

中央发布试行办法后，老农保的试行并不顺利，集中表现为政策推广缓慢，参保率低。以内蒙古自治区为例，内蒙古自治区老农保工作从1992年开始试点，1996年在内蒙古自治区内全面推开，然而到1998年年末只有不到100万人参保，只占农牧民总数的7%（人民日报，2010）。表2-1显示了老农保制度覆盖面的历时性变化，老农保试点的最大覆盖时期是在1998年，当时全国2000多个县建立了老农保制度，约65%的乡镇开展了农村养老保险制度，参保人数达到8000余万人，但这也仅占农村人口总量的不足10%（中国劳动保障报，2009）。1999年中央叫停试点后，参保人数持续下跌。学者认为老农保参保率低的原因包括，农民受家庭养老的传统观念影响，不认为需要为自己养老储蓄（姚峰，1995）；在通货膨胀背景下，老农保待遇太低无法激发农民积极性（刘书鹤，1997），而养老基金保值增值的工作不利使得老农保的制度可持续性受到质疑，进一步导致制度扩展的困难。

表2-1　老农保制度覆盖和参保人数的历时性变化（1992—2002）

年份	1992	1993	1994	1995	1996	1997	1998	1999	2000	2001	2002
参保人数（万人）	3500	—	3484	5143	6594	7452	8025	6461	6172	5995	5462
参保县数（个）	—	1100	—	—	—	2100	2123	2052	2045	1955	1870

注：根据1992—1997年间民政事业发展统计报告，1998—2002年历年劳动和社会保障失业发展统计公报相关数据计算整理。

1998年政府机构改革中，原属民政部的农保司划归劳动和社会保障部（现人力资源和社会保障部）的过程中，审计发现老农保的实行情况欠佳，认为老农保试点存在性质不清、管理不规范、强迫参保、给付标准过高、基金运营困难等弊端。1999年国务院叫停老农保试点，官方文件指出“目前我国农村尚不具备普遍实行社会保险的条件。对民政系统原来开展农村社会养老保险，要进行清理整顿，停止接受新业务，区别情况，妥善处理，有条件的可以逐步将其过渡为商业保险”（国发【1999】14号）。截止到叫停时间，全国已有2123个县推行了老农保，约65%的乡镇开展

了农村养老保险制度，参保人数达到8025万人（中国劳动保障报，2009）。由此，老农保开始被清理整顿，这标志着老农保试点在走向全国制度道路上夭折。

对于老农保的失败原因，学者指出以下因素：农民收入低，没有意识和能力为老年期进行提前储蓄；老农保养老金待遇低，制度激励差；农民受政府“赖账”前科的影响，不信任政府推行的农保制度；而新农保成功的最重要原因是明确政府责任、增加政府财政投入，提高了农民的信任度和制度激励效果（吕连霞、吕学静，2012）。但实际上，新农保的待遇同样不高（张华初、吴钟健，2013）。老农保被叫停的直接原因是基金管理混乱和局部地区制度的不可延续性，因此学者更容易关注制度设计的弊端。但局部地区的制度运行不畅无法解释中央政府为何不能及时纠正并督导试点，挽救制度困局，形成统一的改革方案。本研究认为，老农保失败的深层次原因在于各个地区在试点时期形成了不同的实践模式，塑造了碎片化的制度变迁路径。

老农保制度的试点主要涉及中央职能部门（民政部）、地方政府、经办机构（各地方不同）和农民四个参与者。在老农保试点时期，中央授权地方试行农保制度，但由于在财政和行政资源投入上依靠地方政府，因此给予地方很大自主权；地方政府会为了提高政绩而推行老农保政策，但在集体补助能力和基金管理能力，以及经办机构选择上的差异导致了地方政府会选择不同的试点实践模式，在不同模式下，农民的结盟倾向和对改革的态度是不同的。具体来说，老农保试点时期主要形成了三种不同的试点实践模式。

在20世纪80年代中后期，在中央正式启动老农保试点前，苏南有些地区依靠集体经济剩余，已经建立了社区养老、退休金发放制度，因此中央认为可以允许相对富裕的农村地区探索养老保险制度，看"能不能在农民养老方面做一些事情"(杨刚，2002)。20世纪90年代前，全国已有19个省级单位的190多个县开展了农村养老保险制度的探索(劳动部课题组，1996)，参保人数达到90多万人，资金积累4100万元(王以才、张补，1996)。在苏南及上海地区形成了依靠乡镇企业利润充实基金，依托社区管理组织实现管理发放的社区保障模式。在这一模式中，养老基金主要来自社区公共资金，公共资金的主要来源是乡镇企业利润。不同职业群体的农村居民均以社区为单位参保，享受较为平等的养老金待遇。在基金构成上，集体补助比重高，个人账户的相应缴费标准高出中央试行方案的标准很多(彭希哲、梁鸿，1996)。而这种社区模式本质上是一种以支定收的现收现付模式的养老金制度。基金运行情况和养老金待遇受到企业效益和社区的管理的直接影响(奚从清、鲁志根、胡振产，1996)。

在这种试点实践模式中，地方政府及社区管理组织处于互动模式的中心，将其他参与者聚合起来，如图2-1所示。地方社区公共养老保障的实践需要中央政府的授权，中央职能部门向下分权。农民依附于社区管理组织和地方政府，要求地方政府保证制度的可持续性，并不断提高养老金待遇，同时也要求中央政府为地方的养老保险制度授权并给予政策支持。乡镇企业为社区公共养老注资，它的利润是养老基金的最重要来源，而乡镇企业则希望地方政府和中央政府对其发展给予更多的优惠政策。

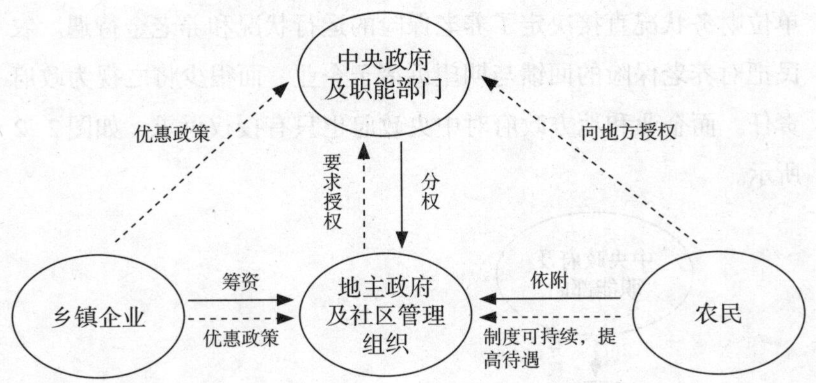

图2-1 老农保的反应性试点实践模式一

(注：图中实线为行动者间的互动关系；虚线为参与者对其他参与者的期望)

第二种模式可被称为单位保障模式。这一模式参保对象只限于企业中的职工、股东或单位员工，类似于同期城市中的劳动保险保障模式，即职工所在的企业或单位完全负担职工的所有福利保障责任。如在广东的佛山、江门、珠海等农村地区，乡镇企业中形成了依靠企业分红的农保模式。这种模式中，农民手中的农村股份合作制企业中的年龄股或集体股是养老保障凭证，养老基金主要来自股份分红，年龄股指个人所拥有的股份数额随年龄的增长而增加的部分，年龄增长越高分红就越高(周光复、袁政、夏志红、藤纯武，2000)。而在山东则出现了两种农保制度，一部分是普通农民个人缴费为主的基金制，另一部分是同城市地区类似的个人和单位共同承担保费的，如乡镇企业职工、村干部、民办教师等(薛兴利、史建民、靳相木，1997)。在这一模式中，作为单位或企业职工，这部分农民完全依附于地方乡镇企业或单位，地方政府将管理任务下放企业或单位的劳动行政部门，基金管理则大多由保险公司负责。企业处于互动的中心，企业经营情况或单位财务状况直接决定了养老保险的运行状况和养老金待遇。农民把对养老保险的回馈与期望诉诸于企业，而很少将之视为政府责任。而企业和地方政府对中央政府也只有授权诉求，如图 2-2 所示。

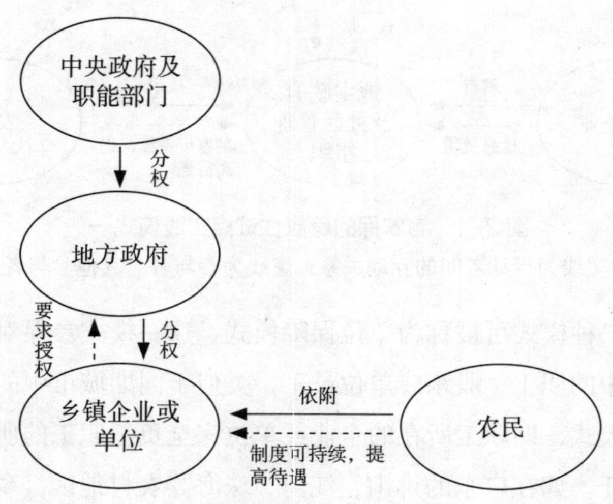

图 2-2　老农保的反应性试点实践模式二

（注：图中实线为行动者间的互动关系；虚线为参与者对其他参与者的期望）

第三种模式是试行较为广泛的以个人账户基金制为主体的模式。老农保试点时期，全国投保人数最多的山东省自 1991 年开始试行农村养老保险，到 1995 年 95% 的乡镇、76% 的村都办起了老农保。除了少数农民参与单位保障模式外，大部分参保缴费以个人及亲属缴费为主。在整个农保基金中，个人缴费占 84.7%，集体缴费占 15.3%（薛兴利、史建民、靳相木，1997）。有的地区甚至只有个人账户部分，如山东省《平阴县农村社会养老保险暂行办法》中就明文规定，保险费集体确实无力补助的，由个人全部缴纳（刘书鹤，1997）。中国社科院 2000 年进行的《农村社会保

障制度研究》表明，在老农保试点时期，大部分农村地区的养老保险基金都没有得到集体补贴，而是完全实行个人的基金积累制（中国社科院《农村社会保障制度研究》课题组，2000）。老农保制度原则中的“政府政策扶持”主要指对乡镇集体补助予以税前列支，在以个人账户为主体的模式中实际上不起作用。

个人账户基金制的良好运转需要两个关键条件，一是农民个人的收入水平具有参保能力，二是基金保值增值工作的支持，尤其是个人账户的记账利率要高过通货膨胀率。而老农保在试点时期，这两个条件都不具备。1992 年老农保试点启动时，年收入在 700–800 元间及以上的农户，在扣除生活和生产性支出后，可结余 70–150 元，有能力参加养老保险。而当时我国农民人均纯收入为 784 元，但收入在 800 元以下的占到 60% 以上（庹国柱、和蓉，1994）。而西部地区、中部地区与东部地区农民人均年收入比基本维持在 1∶1.3∶2.1 左右（曹信邦，2012）。也就是说，大部分农民，尤其是西部地区农民尚不具备参加个人账户的基金式养老保险的能力。也因此，中央在试点期强调农保试行从相对富裕的农村地区开始。但一些贫困地区仍然在无力进行集体补助的情况下建立了老农保制度，一方面是为了完成上级分配的行政任务，做出政绩，另一方面是基金收入由县级管理，中央的监管不严，因此存在挪用基金的空间，相当于充实了县级政府财政收入。虽然在相对贫困地区，受到流动性偏好、对政府信任程度低的影响，农民普遍不愿意参与养老保险制度，但村级干部可以通过做工作等方式要求村民参保，有时会强制党员、村干部、义务兵和村医等农民参保（王成程，2013）。但伴随着央行下调存款利率，个人账户记账利率也不得不下调（见表 2–2），在如此低的记账利率和高通货膨胀的背景下，有些地区的养老金待遇甚至低到连一份早餐都买不起。加上个人缴费部分还要抽取3%的管理费，导致老农保的制度吸引力大大下降。伴随参保人数下降，加剧了基金运转的困难，最终很多地区只能按本息退保，终止制度。仅有个别经济发达地区和大城市郊区仍开展着（刘昌平、殷宝明、谢婷，2010）。有学者指出个人账户资金的保值增值是新农保制度的最大"软肋"（惠恩才，2011）。

表2-2　老农保个人账户记账利率历史性变化（1991—1999）

年月	1991.1—1993.7	1993.7—1997.12	1998.1—1998.7	1998.7—1999.7	1999.7
年复利率（%）	8.8	12	6.8	5	2.5

注：数据参见民政部农村社会保险司《关于执行〈农村社会养老保险养老金计发办法〉有关事宜的通知》（险标字【1994】9号）、参见民险函【1997】225号、劳社部函【1998】131号、劳社部函【1999】183号等文件规定。

在以基金制为主体的实践模式中，作为参与者的中央政府职能部门、地方政府及职能部门和农民呈现出与其他实践模式完全不同的行动逻辑。中央政府及职能部门将开展养老保险的权责下放给地方，同时提供农民参保后的收益预期。地方政府出于政绩需求推行老农保试点，由职能部门以行政管理的方式试行农保政策，同时希望中央政府提供财政和政策支持，保持基金个人账户利率。同时农民希望地方政府在农保收益上言而有信，保持基金安全和收益平稳，同时在养老金兑付出现问题时希望中央对地方进行财政支持。

与此同时，在老农保试点过程中，中央政府职能部门和中国人民保险公司的业务重叠和矛盾，导致了中央政府无法对试点的偏离做出及时纠正。早在1988年，中国人民保险公司（以下简称人保公司）就涉足了农村养老保险领域，在农村承办了计划生育夫妇、村干部、乡镇聘用制干部、乡镇企业职工、义务兵、农电工、民办教师等群体的养老保险业务，人保公司在县设立支公司，在乡设代办站，乡办员是乡政府工作人员编制，以政府名义发文开办农保业务，其工作由政府考核（刘从龙，1992）。到1991年末在人保公司参加养老保险的农村人口达到1800多万人（庹国柱、和蓉，1994）。1992年民政部牵头启动老农保试点时，就形成了两家共办的局面。由于业务重叠导致的责权不明，以及所遵循的中央文件差异导致的工作冲突，民政部门和人保公司时常工作冲突。民政部门认为人保公司搞的商业保险干扰了老农保的推行，而人保部门也认为民政部的做法是在搞乱市场，抑制了人保业务的发展。在地方业务争夺上，人保公司通过与地方领导“搞好关系”，以贷款等手段控制乡镇企业等方法保护和推广业务，而民政部门则以中央文件要求地方政府和职能部门推广老农保业务。在湖南省桃源县，因人保公司和民政部互不相让，县政府只好在地图上划分两者“势力范围”。（庹国柱、和蓉，1994）这些做法徒增内耗，阻碍了老农保的正常发展。与此同时，也导致中央政府无法通过自上而下的职能部门通道对试点进行督导和纠正。刘从龙在对湖南省长沙市和株洲市的老农保试点进行调研时发现，在湖南省民政厅的支持下，1991年8月民政部在长沙和株洲两市郊区展开老农保试点，由于长沙市与市人寿保险公司存在合作协议，因此在实际推行政策时由保险公司承办了这部分工作。这直接导致了民政部下发的暂行办法无法得到有效执行。而在株洲郊区政府明确要求老农保试点由民政部门负责，政策得到有效贯彻落实，株洲市郊区因此在当年被评为“全国保险工作先进县（区）”。（刘从龙，1992）

因此，加入保险公司的竞争后，基金制为主体的试点实践模式的运行逻辑如图 2–3 所示。

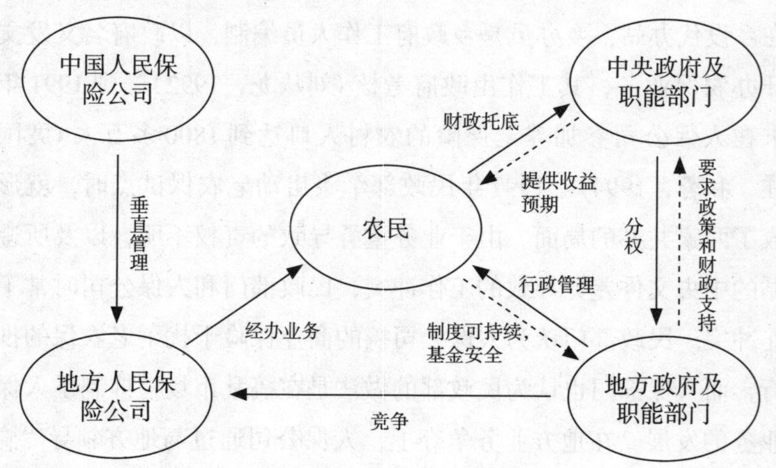

图 2–3 老农保的反应性试点实践模式三

（注：图中实线为行动者间的互动关系；虚线为参与者对其他参与者的期望）

老农保试点中的三种实践模式实际上反映了不同的制度逻辑，试点地区的制度运行成本不断积累，对改革持支持、积极态度，但对制度设计的期望不同。而未试点地区则表现出对制度改革的消极态度，中央政府不具备推出全国性改革方案的政治基础，最终无法实现统一的改革方案。这就是本书强调的在不同的试点类型下，反应性试点实践模式不同，决定了制度变迁的路径和最终结果的差异。

二、新农保试点的推广与成功

1999年后，农村养老保险制度建设进入了短暂的空白期。进入21世纪，国家发展和社会结构变迁对农村养老保险制度提出了新的需求。一方面，我国社会老龄化程度不断升高，2000年我国65岁以上老年人口达到8811万人，约占人口总数的7%，到2005年上升为7.7%。（杜鹏、王武林，2010）而在城市化背景下，农村大量青壮年人口进入城市，进一步加大了农村地区的养老金支付压力。其中，失地农民的养老保障问题最为突出，生活在农村且失去土地的老年人口生活无法自给，据推测到2010年前后失地农民高于4000万人。（农民日报，2011）如何保障农村老年人口基本生活成为了政府急需做出回应的治理挑战。另一方面，分税制改革后中央政府财政实力不断增强，新世纪前十年的平均年财政收入增速达到21.15%，2008年首次超过60000亿，中央政府财政收入占比53.3%，是1991年中央财政收入的约35倍。[1]2003年后，党的领导层也开始越加关注社会保障体系的构建和民生问题，大量财政预算用于社会保障的制度建设，实现城乡统筹成为新制度的目标之一。（岳经纶，2014）与此同时，政府提出通过刺激国内消费来减轻2008年爆发的金融危机对国内经济的消极影响，而在农村推行养老保险可以提高农村人口的消费能力。（《财政部解读新型农村社会养老保险试点补助政策》，2009）正是在

[1] 根据国家统计官网数据计算所得。http://data.stats.gov.cn/index.htm

这一背景下，2009年9月国务院启动了新农保试点（国发【2009】32号）。

新农保政策出台前，一些地区的农保制度改革引起了中央的重视，这些改革的共同点是增加了政府财政补贴一项。（何平、武玉宁，2015）当时有500多个县搞起了“新农保”，为国家政策出台积累了经验、奠定了基础。（郑文换，2015:152）这些地方创新核心共同点是明确政府责任、增加政府财政补贴，虽然在具体的补贴方式上有所区别，也有学者将他们划分为不同的模式，（刘昌平，2009）但他们的制度逻辑是一致的。如江苏省苏州市2003年出台了《农村基本养老保险管理办法》，规定政府对参保的纯农民以50%的比例进行补贴。广东省东莞市2002年出台的《东莞市农民基本养老保险暂行办法》中将机关事业单位和城镇职工养老保险制度以外的人员都纳入了进来，保费由市、镇（区）财政、村（居）委会和个人共同承担。2005年北京市出台了《北京市农村社会养老保险制度建设指导意见》，在原有老农保基础上将筹资方式改为了“增加市财政和区县财政对参保农民的补贴”。山东青岛也实行了个人缴费、集体补助和政府补贴相结合的制度模式。（黄海，2008）山东省即墨市还率先建立了针对失地农民的养老保险，其基金来源包括个人缴费、村集体补助和市镇财政补贴。（王成程，2013）在这些地方创新经验的基础上，2006年劳动和社会保障部（现人力资源和社会保障部）同日本国际协力机构合作开展了有关“中国农村社会养老保险制度创新与管理规范”的课题研究，研究项目选取了北京市大兴区、山东省招远市，以及相对贫困的山东省菏泽市牡丹区、福建省南平市延平区，以及作为国家级贫困县的安徽省霍邱县、山西省柳林县、四川省巴

中市通江县、云南省南华县8个县区。(卢海元，2009) 基于不同经济条件的农村地区的研究，为新农保试点方案的确定奠定了基础。

2008年10月，党的十七届三中全会通过的《中共中央关于推进农村改革发展若干重大问题的决定》中提出“按照个人缴费、集体补助、政府补贴相结合的要求，建立新型农村社会养老保险制度”。2009年国务院发布的《国务院关于开展新型农村社会养老保险试点的指导意见》(国发【2009】32号) 中再次肯定了个人、集体、政府三方共担这一制度原则。新农保相对于老农保最重要的改革是增加政府财政补贴责任和确定了统账结合的账户模式。中央政府明确对基础养老金进行补贴，其中东部地区补贴50%，中西部地区全额补贴，同时要求了地方政府的最低补贴额。而统账结合的账户模式是指养老金待遇分为统筹的基础养老金部分和个人账户养老金部分，这种设置有利于将新农保和城镇居民保及城镇职工基本养老保险制度进行转移接续和制度合并。《指导意见》中规定，所有年满60周岁、未享受城镇职工基本养老保险待遇的有农村户籍的老年人，都可按月领取基础养老金。也就是说社会统筹部分实际上是依靠国家税收的普惠型养老金模式，因此新农保是“个人基金+普惠型”的养老金模式。

与老农保相比，新农保试点的分权程度更低。新农保试点方案中规定的基金筹集或制度基本原则是个人缴费、集体补助、政府补贴，同时实行社会统筹和个人账户相结合。中央政府财政主要负责与社会统筹相对应的基础养老金(每年55元) 部分，中央政府对东部地区给予50%财政补助，中西部地区则获得中央财政全额补贴。同时还要求地方政府进行不低于每人每年30元的养老金补贴。在具体制度设计上，由人力资源和社会保障部下属地方经办机构负责日常工作。在缴费标准方面，设立年缴费100至500元5个档次，地方可根据需要增设缴费档次。在待遇确定方面，养老金由基础养老金和个人账户养老金组成，个人账户部分多缴多得。基础养老金待遇提高由国家统一规定。在基金管理方面，实行收支双线管理，逐步提高管理层级。在养老保险制度衔接方面，新农保与老农保、新农保与城镇职工养老保险制度的具体衔接办法由人力资源和社会保障部、财政部同有关部门研究制订。在组织领导方面，国务院成立了新农保试点工作领导小组来督导试点工作，要求省政府在推动指点工作过程中要不断向领导小组备案和请示，接受审定和授权。不难发现，老农保和新农保虽然在试点期都只有单一的中央指导方案，但老农保受到其他职能部门业务重叠的干扰。在具体制度设计上，地方政府和职能部门在老农保试点过程中享有更大的自主权，集体补助的多寡、缴费如何实现、基金管理等方面均由地方自行裁定。相比之下，新农保的试点方案中的要求更为全面和细致，并在中央职能部门的督导下严格执行。因此，老农保的分权程度高，而新农保的分权程度低。

此外，新农保试点的推广效度也更强。2009年末，超过10%的县级单位作为国家首批新农保试点启动试点工作，当时中央计划每年增选10%的县市试行新制度，到2020年实现全覆盖。但在具体执行中，很多省份如福建、山东、广东等均在两、三年内就实现了省内全覆盖。2010年两会《政府工作报告》中指出将新农保试点范围扩大到全国23%的县。2011年两会时决定扩大到40%，同年国务院第152次常务会议决定进一步提高到60%。由

于新农保推广顺利且迅速，2012年《政府工作报告》中提出在将年底实现新农保全国覆盖。到2012年8月新农保就覆盖了全国所有2853个县级单位，提前完成了目标。到2012年新农保实现全国覆盖时，参保人数达到4.8亿多，占农村人口的75.3%。[1]新农保的推广速度较快，反应性试点实践在全国范围内积累，获得了较为广泛的政治支持和实践经验，与此同时，与老农保相比，新农保的反应性试点实践是模式统一的，因而易于形成全国统一制度。这种统一得益于试行方案在最大程度上兼顾了农村不同地区的条件和需求，同时中央政府通过财政补贴和不断的强力督导工作，保证了对决策权的掌握和执行。

中国各省各地的具体社会经济条件各异，一项全国性制度，尤其是社会政策在执行中均要依照地方实际做出调整，但这种调整的前提是不破坏中央确定的制度逻辑。《指导意见》中指出“中央确定基本原则和主要政策，地方制订具体办法，对参保居民实行属地管理”。因此，新农保在具体施行过程中，地方政府及职能部门也做了因地制宜的调整。这些调整主要包括以下方面：一些经济发达城市和省份根据地方平均收入或消费水平，提高基础养老金待遇，如北京规定基础养老金为280元/月/人，江苏和浙江地区规定基础养老金不低于60元/月/人，重庆基础养老金为80元/月/人。此外，地方政府在个人账户缴费补贴上存在两种形式，即给予所有缴费档次相同补贴的“一刀切”形式和根据不同缴费档次制定补贴的“多缴多得”形式。(王章华，2011)显然，这些调整没有改变新农保“个人基金+普惠型”的制度逻辑。在

[1] 根据国家统计官网数据计算所得。http://data.stats.gov.cn/index.htm

这一模式中，如图2-4所示，中央政府为地方政府提供更为细致的方案，实行垂直管理和督导，对养老基金提供财政支持。地方政府一方面在中央职能部门的资源支持和督导下，严格执行了中央提出的制度逻辑，对农民实行行政管理，另一方面各级政府给予补贴。农民的养老金待遇包括中央政府的财政支持部分和地方政府的补贴部分，希望中央政府加强监管，督促地方政府保证基金安全，同时由于政府财政责任的明确，对新制度充满信心。

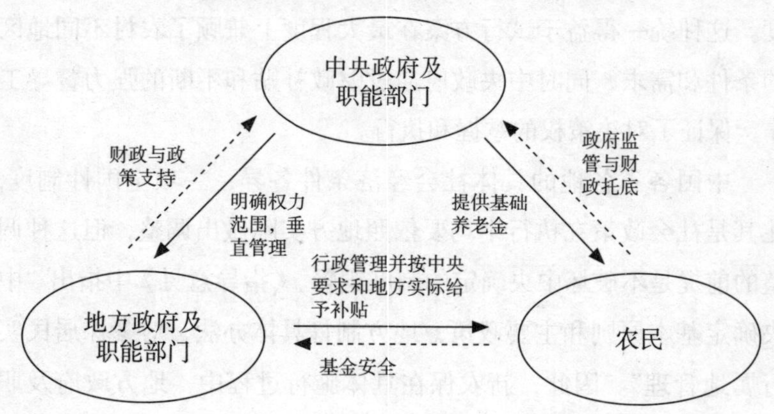

图2-4　新农保的反应性试点实践

(注：图中实线为行动者间的互动关系；虚线为参与者对其他参与者的期望)

如前所述，在试点期，新农保制度的反应性试点实践模式统一且积累广泛，各地区在制度模式的取向上趋于一致，中央政府和职能部门主要根据自身偏好来掌握改革进程和制定改革方案。低分权，强推广的试点塑造了主导制度替代的变迁路径，各地形成了偏好统一的改革联盟，易于全国统一制度方案的制定颁布和顺利运行。这种试点类型的形成源于中央对试点的控制和督导，下文以陕西省宝鸡市的新农保试点过程为例对此进行说明。

宝鸡市在2007年初申请上级部门授权进行新农保试点，获得上级政府授权后发布了《宝鸡市新型农村社会养老保险试行办法》，在市辖区较为贫困的200余个村展开试点，2009年将新制度推广至全市，宝鸡的成功经验为国务院新农保试点指导意见的出台提供了重要参考。（人民日报·新农村周刊，2008）其试点过程的主要事件和相关行动者、文件如表2-3所示。

表2-3 宝鸡市新农保试点过程

日期	主要行动者	事件及文件
2007年初	宝鸡市劳动和社会保障局	市级职能部门提交试点申请。《关于将宝鸡市列入新型农村社会养老保险试点城市的启示》(宝鸡市劳动社字【2007】43号)
2007年5月	陕西省劳动和社会保障厅	省级职能部门同意启动试点。《关于同意宝鸡市为我省新型农村社会养老保险试点城市的批复》(陕西劳社函【2007】282号)
2007年6月	宝鸡市政府	市级政府启动试点。《宝鸡市新型农村社会养老保险试行办法》(宝鸡市政发【2007】36号)
2007年8月	劳动和社会保障部	中央职能部门对试点进行指导和监督。《关于做好农村社会养老保险和被征地农民社会保障工作有关问题的通知》(劳社部发【2007】31号) 要求试点备案、实行政府补贴

续表

日期	主要行动者	事件及文件
2007年7月、10月	劳动和社会保障部农村社会保险司	中央职能部门直接支持试点。 在宝鸡市进行调研并两次发放养老金补助
2007年10月	劳动和社会保障部	中央职能部门向中央决策层申请全面开展试点和财政补贴
2007年11月	劳动和社会保障部农村社会保险司	中央职能部门正式授权试点。 《关于同意将陕西省宝鸡市列为新型农村社会养老保险试点城市的函》(劳社农司函【2007】29号)
2008年10月	党内决策层	提出按照个人缴费、集体补助、政府补贴的原则建立新型农村社会养老保险制度。 《中共中央关于推进农村改革发展若干重大问题的决定》
2008年11月	人力资源和社会保障部(原劳动和社会保障部)	中央职能部门在调研基础上提交国务院审批国家试点方案
2009年6月、8月	国务院	国务院对试点方案进行讨论
2009年9月	国务院	国务院正式启动新农保试点。 《国务院关于开展新型农村社会保险试点的指导意见》(国发【2009】32号)

可以发现，中央政府及职能部门在新农保试点过程中对地方保持了严格的督导。这种严格督导的实现以行政领导体制为基础。

第一，2007年5月宝鸡市获得省级职能部门的授权，6月展开试点，中央职能部门8月就到宝鸡进行了实地指导和监督，明确要求试点进行备案，严格执行政府补贴政策。随后，中央职能部门到宝鸡市调研并发放养老金，主动推动宝鸡市试点的全面开展，直到形成中央新农保的试点方案。

第二，2008年中央政府“大部制”改革中，原劳动和社会保障部与人事部合并为人力资源与社会保障部，其下属的农村社会保险司专门负责农村社会养老保险的制度建设。这一机构改革为中央自上而下地督导新农保试点提供了制度保障。此外，在新农保业务管理和经办上，统筹单位（主要是县级人社部门的农保处室）主要负责区域内的新农保基金经办、管理和监管等一系列工作，实行县级农保中心、乡镇级劳动和社会保障事务所、村级协办员三级管理的基本方式。同时新农保的工作经费纳入同级政府财政预算，不再从基金中按比例抽取。

第三，为了推动新农保试点和扩散的推进，克服部门间利益矛盾或权责阻碍，中央成立了以副总理为组长的新农保试点领导小组，并在省、市成立以地方政府分管该业务的主要领导负责人为小组长的领导小组。宝鸡市成立了相应的领导小组，其工作职责是“组织协调、指导检查、考核评比和研究解决重大问题等”。（宝鸡市政发【2009】18号）

第四，为了控制试点地区的具体制度设计，从2008年起，中央人力资源和社会保障部建立了农村养老保险经办工作重点联系制度。所谓重点联系是指中央部委直接对地方试点进行指导，并定期开展会议，供各地交流工作和经验，并及时总结经验、组织学习、加强宣传、推广典型实践。其目的在于在试点中进一步统一思想、交流经验、研讨问题和推动工作。到2008年4月，全国26个省推荐了重点联系地级市23个、重点联系县级市27个。这50个重点联系县市中有32个地区已经开展了新农保试点，重点联系市县伴随着试点的推广陆续增加。（人力资源和社会保障部社保中心，2008）

从宝鸡的试点历程可以看出，试点的推动有赖于中央政府的财政补贴。2007年6月，宝鸡市内较为贫困的太白县和麟游县的书记、县长主动申请首先在本县内开展新农保的试点，2007年7月试点正式启动，由于新制度中增加了政府补贴一项，受到当地农民支持，仅一周时间太白县的参保率就达到了87%。由于太白县是国家级贫困县，当时地方财政仅年1520万元，因此市级财政进行补贴。开展新农保后县级财政一年投入约100万元，市级财政投入300万元，财政负担并不重。但随后各个展开新农保试点的县都希望市级政府能够给予平等的财政补贴，这无疑给市级财政造成巨大压力。在省级财政迟迟不给予补贴的情况下，中央政府的财政补贴就成为了地方试点顺利进行的必要支持，最终在中央各方协调下，采取分级补贴制，即中央政府补贴60元/月/人，省级财政补贴20元/月/人，市、县两级政府负担10元/月/人。（瞭望·东方周刊，2009；大陆桥视野，2009）

行政管理体制和资源投入是中央实现严格督导的条件，这种督导直接影响了地方试点的具体制度设计。在中央职能部门工作组的督导和地方试点实践对中央财政支持的依赖下，地方试点实践迅速对中央职能部门的倾向性做出政策调整。宝鸡市在试点过程中，从经验借鉴、政策原则、文件用语，甚至到基础养老金的

具体额度都要与中央职能部门进行沟通，如时任国家人力资源和社会保障部农保司司长的张殿国考虑到地方财政补贴能力和制度运行的可持续性，建议降低基础养老金额度，随后政策就将基础养老金从100元调整到60元。（瞭望·东方周刊，2009）此外，为了做好制度扩展工作，并增强制度运行的可持续性，中央职能部门在吸取地方经验的基础上，提出实行“捆绑”政策，即只有本家庭成员按规定参保并缴费，家里老人才能够享受政府补贴的基础养老金。这一方法在宝鸡市试点中得到应用，迎合了子女赡养父母的传统伦理，同时也为个人未来养老做好准备。

2012年后新农老制度运行平稳，2014年国务院决定将新型农村社会养老保险和城镇居民社会养老保险制度合并，建立了全国统一的城乡居民基本养老保险制度。

三、试点与地方差异：放大镜还是矫正器？

本章回顾了改革开放后，农村养老保险制度的变迁历程，对老农保和新农保的试点与制度变迁过程进行了对比。对比发现，老农保的试点虽然遵循中央提供的单一试点方案，但由于人民保险公司的工作重合，导致职能部门推行试点时受到干扰。中央给予地方较大的自主权，具体制度设计的决策权趋向于地方，中央对地方试点的督导强度较弱。与此同时，老农保试点推广缓慢，只在农村的相对富裕地区进行了试点。因此，老农保的试点在制度变迁中的类型为导致制度碎片型，这种碎片化是通过不同的反应性试点实践逐渐累积和出现的。试点实点的程度和经验积累在

全国并不同步，试点地区的制度运行成本不断积累，对改革持支持、积极态度，而未试点地区则表现出对制度改革的消极态度，中央政府不具备推出全国性改革方案的政治基础。在试点地区，由于高分权程度和地方的差异化特征，出现了不同的试点实践模式，具有不同的参与者，他们形成不同的互动模式，对改革存在不同期望。上文描述总结了三种比较有代表性的试点实践模式。在这种情况下，中央政府及职能部门无法在全国范围内获得足够的政治支持推动改革，同时无法在多种诉求中形成统一的改革方案，因此最终老农保并未形成全国统一的制度方案，试点也被叫停。

相比之下，新农保的试点属于低分权、强推广的主导制度替代型，表现为遵循中央提出的单一试行方案，地方政府及职能部门在中央的强督导下完全遵循了单一方案中的制度原则和运行逻辑，反应性试点实践的积累呈现出整合、统一的特征，在农村的富裕和贫困地区均推行顺利，形成了互动模式一致的试点实践，参与者对改革的期望在各地形成了共识。因此，新农保是养老保险制度体系中推行最快、运行最好的制度。以上例证说明，不同的试点类型下形成了不同的反应性试点实践模式，最终导致了不同制度变迁路径。

对比还发现，在试点中，反应性试点实践的积累方式和互动模式的差异根本上是地方差异化的社会经济条件决定的。试点在制度变迁的过程中是呈现出这种差异最终在制度发展趋势上的不同，还是能够通过试点弥合差异，为统一制度提供足够的群众基础或称改革同盟。像本节标题所称，试点是制度变迁分歧的“放大镜”还是“矫正器”？从农村养老保险制度改革的历程来看，

这是由试点的类型，或者具体说是中央是否有明确的方案，中央投入的资源多少，以及试点过程中中央的督导程度等因素决定的。新农保试点过程中中央财政资源和行政资源的投入显著增加，财政支持保证了制度模式的统一和有效运行，行政资源的投入则保证了试点过程中基层探索始终在顶层设计的规划中完成，最终成功实现了全国建制。

第三章　城镇企业职工养老保险制度变迁历程[1]

改革开放以来，企业职工养老保险制度历经四十余年变迁，完成了制度创新和模式转换，在保障民生和推动改革方面成就显著。本书认为，改革开放以来我国企业职工养老保险制度变迁的动力来自政治和经济两个方面。在政治方面，制度改革的动力来自社会需求之上的政治回应，可以称为“政治回应性机制”；经济方面，制度变迁来自于体制改革、市场发育和企业成长的直接压力，可以称为“经济市场化机制”。在双重机制推动下，企业职工养老保险制度在改革开放后实现了社会化改革和模式转换，但也出现了变迁路径的分歧和制度运行的碎片化特征。中央政府在城镇企业职工养老保险制度改革中多次进行了试点，主要涉及“制造制度漂移”和“主导制度纠偏”两种类型，塑造了制度变迁的路径特征和改革结果。

[1] 本章历史梳理部分曾发表于《当代中国史研究》2021年第6期。

一、政治与经济的双重动力

改革开放后，企业职工养老保险改革的基础是劳动保险制度。1951年2月26日，政务院公布《中华人民共和国劳动保险条例》(1953年1月2日修正后再次发布)，对“铁路、邮电、航运三个产业及一百人以上的工厂矿场”，而后又扩大到对“工厂、矿场及交通单位的基本建设单位、国营建筑公司”的退休职工养老待遇做出规定，规定职工退休后可以领取相当于“本人工资百分之五十至七十”的养老金(文件中称“退职养老补助费”)。而劳动保险的各项费用“全部由实行劳动保险的各企业行政方面或资方负担”，一部分“直接支付”，另一部分“缴纳劳动保险金，交工会组织办理”。(《建国以来重要文献选编 第二册》：64、65、52) 1958年发布的《国务院关于工人、职员退休处理的暂行规定》又进一步列举了五种退休条件，并主要依照工龄规定了不同的养老金(文件中称“退休费”)待遇标准。其中还规定养老金“由劳动保险基金中支付，如果本单位的劳动保险基金不敷开支，可以在本省、自治区、直辖市或者本产业系统内进行调剂，仍然不足的时候，差额部分由本单位行政支付”。(《建国以来重要文献选编 第十一册》：140) 当时实行的城镇企业职工基本养老保险是带有一定基金调剂功能的“现收现付制”。改革开放前城镇企业职工基本养老保险制度以“现收现付制”为特征，主要以企业为单位运行。

据1978年统计，由于企业和国家机关的退休退职工作有停顿，企业和国家机关中应退和未退者分别达200多万人、60多万人。(《当代中国的职工工资福利和社会保险》：323、324）为了妥善解决这部分人的退休和养老问题，1978年6月2日，国务院发布《关于安置老弱病残干部的暂行办法》和《关于工人退休、退职的暂行办法》，其中后者中的第二条对退休工人每月领取退休费标准做出明确规定，还规定“工人退休费、退职生活费，企业单位，由企业行政支付”。(《中国劳动人事年鉴1949.10—1987》：1735)1980年3月24日，国家劳动总局、中华全国总工会下发《关于整顿与加强劳动保险工作的通知》，提出：“企业单位行政与基层工会要在党委领导下，密切协作，相互配合，认真贯彻执行劳动保险政策、法令，整顿与加强基层的劳动保险工作。”(《中国工会重要文件选编》：471)

劳动保险工作的整顿与加强使城镇企业职工基本养老保险工作重新运转起来，但基金调剂功能尚未得到恢复，到20世纪80年代初，一些企业面临难以承受的养老金支付压力，企业负担过重，城镇企业职工基本养老保险制度运行难以为继，亟待改革。例如，1984年底，温州市棉织一厂的退休人数占职工人数的92.42%，退休费用相当于工资总额的95.9%。(潘忠弟，1986）企业养老金支付压力增大直接原因在于退休职工人数激增，从1978年到1983年，全民所有制企业和城镇集体所有制企业中离休、退休退职职工人数从314万人增长到1292万人，离休、退休退职与在职职工人数之比从1：30.3变为1：8.9。(《中国劳动工资统计年鉴（1989）》：362）此外，养老负担还呈现畸轻畸重的特征。地区间，1984年底，上海退休费用占工资总额的22.5%，天津、四川、辽宁、江苏等9省市为10%至12%，北京、湖南、陕西等10省市为7%至10%，广东、河南、内蒙古自治区等9省自治区在

7%以下。行业间，纺织、轻工、手工业等系统负担较重，冶金、机电、仪表及旅游等新兴行业负担较轻；企业间的负担差距更为悬殊，有的企业退休人数与在职人数比例为2:1，有的新建厂则一个退休职工也没有。（裴世安，1986）显然，随着离休、退休退职职工人数激增，以及养老负担畸轻畸重现象的出现，原有的“现收现付制”养老保险模式已无法满足社会需求。

为了彻底解决部分企业养老金支付压力过大的问题，1984年社会统筹试点的启动拉开了城镇企业职工基本养老保险制度改革的序幕。最初的试点是在广东江门、东莞，四川自贡，江苏泰州、无锡以及辽宁黑山等市（县）。（孟连崑，2004：420）同年11月，广东省人民政府印发《广东省全民所有制单位退休基金统筹试行办法》（《退休基金统筹与退休职工管理问题》：10—13页），较早地在全省范围内推广社会统筹试点。1986年1月，国家经济体制改革委员会（以下简称国家体改委）、劳动人事部联合印发《转发无锡市实行离退休职工养老保险统筹制度的通知》，要求各地扩大试点范围。（《见证重大改革决策——改革亲历者口述历史》：588—589）1987年5月，国家体改委分配组、劳动人事部保险福利局在青岛市联合召开了部分省、自治区、直辖市退休费用社会统筹工作座谈会，对基层试点的经验进行总结，据不完全统计，此时全国已有600多个市、县试行了退休费用社会统筹，各地代表一致认为：“实践证明，退休费用实行社会统筹的方向是正确的，经过几年试点，积累了许多经验，这项工作在全国范围内推开的条件已经成熟。”（马冰，1987）此后，社会统筹改革迅速推进，到1991年底，除少数边远地区外，全国基本上实行了国营企业职工退休费用市县级统筹，其中福建、江西、吉林、山西、北京、天津、上海等地实现了省级统筹。参加统筹的在职职工26000多万人，约占国营企业职工总数的82%；离退休职工1200多万人，约占国营企业离退休职工的95%。（《中国劳动年鉴1990—1991》：274）

社会统筹是指国营企业统一上缴养老基金到属地劳动行政部门，再由后者管理、发放养老金，这一改革的目的是提高现有养老保险模式的制度共济性，让养老金支付压力小的企业在基金统筹上支援养老金支付压力大的企业，达到“抽肥补瘦”的效果。要实现这一转变，就必须将养老保险从企业管理过渡到社会管理，并根据属地退休人员情况统一缴费率，实际上体现了制度社会化的改革导向。在改革试点和经验推广中，中央层面仅对改革提出“以支定收、略有节余”的原则性意见，具体的改革方案由属地政府自行制定。这也反映出该阶段制度变迁的一个特征，即改革常常是在中央授权下，由地方或属地政府根据社会需求和政府资源的综合情况而完成，试点是高度分权，同时推广效度也比较高。

地方上畸轻畸重的养老金支付压力推动了社会统筹改革，构成了这一时期企业职工养老保险制度变迁的第一条线索。第二条线索的源头则来自中央推动的经济体制改革。1984年10月20日，中共十二届三中全会通过的《中共中央关于经济体制改革的决定》中强调：“确立国家和企业、企业和职工这两方面的正确关系，是以城市为重点的整个经济体制改革的本质内容和基本要求。要实现这个基本要求，势必牵动整个经济体制的各个方面，需要进行计划体制、价格体系、国家机构管理经济的职能和劳动工资制度等方面的配套改革。”（《改革开放三十年重要文献选编》上：349）其中，劳动工资制度改革直接推动了城镇企业职工基本养老保险

制度做出调整。

劳动制度改革在这一时期的重点是打破长期以来用工制度上的“铁饭碗”弊病，实行劳动合同制，激发职工积极性和企业活力。1986年7月，国务院发布的《国营企业实行劳动合同制暂行规定》中要求：“国家对劳动合同制工人退休养老实行社会保险制度。退休养老基金的来源，由企业和劳动合同制工人缴纳。退休养老金不敷使用时，国家给予适当补助。”（《十二大以来重要文献选编》下：1073）这表明，企业新招收的劳动合同制职工和从固定制转为劳动合同制的职工将参加由企业和个人共同缴费的社会保险。对原有制度来说，个人缴费是制度设计上的一个创新。增加个人缴费不仅在一定程度上减轻了企业的负担，也可以增强职工的自我保障意识和责任感，改变由国家和企业统包统揽的做法，克服完全依赖国家的思想。1987年1月，云南省昭通市实行国营企业、集体企业退休费用统筹时，在全国率先进行了固定职工个人缴费试点。（《中国劳动年鉴1988—1989》：111）1989年3月，劳动部组织召开的全国保险福利工作座谈会上，昭通试点经验被介绍和推广，随后福建省福州市、湖南省株洲市、江西省南昌市、河南省淅川县等地相继进行了固定职工个人缴费试点。（《中国劳动年鉴1988—1989》：111）到1991年底，广东、江西、吉林、山西四省在全省国营企业固定职工中实行了少量缴纳养老保险费的办法。职工个人缴纳的养老保险费，基本上与当地劳动合同制工人的缴费标准持平。如江西、山西、吉林省为职工本人标准工资的1%—3%，广东省为职工工资收入的2%。（《中国劳动年鉴1990—1991》：275）

这一时期，增加个人缴费与社会统筹改革在试点中是陆续推进的。以江西省南昌市为例，1987年9月，南昌市出台《国营企业退休基金统筹暂行办法》启动了社会统筹改革，首先以市、县、区为单位开展了全民企业单位职工退休费用社会统筹，不到一年时间就过渡到市级统筹，1990年5月又顺利过渡到省级统筹。1989年8月，江西汽车制造厂等单位开始个人缴费试点。1990年4月，个人缴费工作在全市铺开，到1992年11月个人缴费覆盖面达到92%以上。（熊晓峰，1992）

养老金计发办法改革在这一时期主要完成了试点筹备工作。1985年1月，国务院发布《关于国营企业工资改革问题的通知》，要求将企业工资总额同企业经济效益挂钩，同时明确“企业的工资改革，要贯彻执行按劳分配的原则，体现奖勤罚懒、奖优罚劣，体现多劳多得、少劳少得，体现脑力劳动和体力劳动、复杂劳动和简单劳动、熟练劳动和非熟练劳动、繁重劳动和非繁重劳动之间的合理差别。至于具体工资分配形式，是实行计件工资还是计时工资，工资制度是实行等级制，还是实行岗位（职务）工资制、结构工资制，是否建立津贴、补贴制度，以及浮动工资、浮动升级等，均由企业根据实际情况，自行研究确定”。（《我国增强企业活力经济政策选编》：217—218）在经济体制改革不断深化的形势下，原本以标准工资为基准确定养老金待遇的计发办法已不能适应深化企业改革、搞活企业内部分配的需要。为了配合经济改革，同时确保养老金待遇能够满足养老需求，自1987年底开始，劳动部门便针对养老金计发办法改革进行了调研和测算，为启动改革试点做准备。（于秀芝，1989）

总之，1980年代的经济改革要求企业职工养老保险制度从企业自身负担、自行管理、自定规则（主要指缴费率）向企业、个

人、国家三方负担，由覆盖全民所有制企业扩展到各类所有制企业，并由国家劳动行政部门管理，全国实现养老金账户转移接续转变，也就是实现制度的社会化，从“劳动保险”变为“社会保险”，这与社会统筹改革的社会化方向是一致的。劳动保险与社会保险的制度比较如表3-1所示。

表3-1　劳动保险与社会保险下的企业职工养老保险制度比较

制度类型		劳动保险	社会保险
收	制度覆盖	主要全民所有制企业	各种所有制企业和个体工商户
	筹资来源	企业承担	企业、个人、国家共同承担
支	计发标准	企业在职工资相应比例	社会平均工资相应比例
	计发方法	由工会或企业发放	由劳动部门及经办机构发放
管理	主管部门	全国总工会和各级工会	劳动行政部门
	经办机构	企业工会或企业行政部门	劳动行政部门的经办机构
	基金管理	工会和企业	劳动行政部门专门机构或国家授权的基金公司

1991年6月，国务院印发《关于企业职工养老保险制度改革的决定》(以下简称1991年《决定》)，明确要求：“改变养老保险完全由国家、企业包下来的办法，实行国家、企业、个人三方共同负担，职工个人也要缴纳一定的费用”，“劳动部和地方各级劳动部门负责管理城镇企业（包括不在城镇的全民所有制企业）职工的养老保险工作”，“地方各级政府要设立养老保险基金委员会，实施对养老保险基金管理的指导和监督”，“劳动部门所属的社会保险管理机构，是非营利性的事业单位，经办基本养老保险和企业补充养老保险的具体业务，并受养老保险基金委员会委托，管理

养老保险基金”。(《新时期劳动和社会保障重要文献选编》：101-105）这是改革开放以来国家就养老保险问题第一次作出的重大决策。1991年《决定》成为中国企业职工养老保险制度改革的重要指导性文件，是中国养老保险制度改革的一个里程碑。

城镇企业职工基本养老保险制度改革在这一时期的另一个重要内容是社会保险管理机构和体制的构建。无论是养老基金社会统筹还是合同制职工参加社会保险，均需要由企业之外的专门机构和技术人员来完成这项工作。社会统筹改革伊始，劳动人事部门就认识到“为了承担这项繁重复杂的任务，需要建立统一管理社会保险工作的事业机构。”(《中国劳动人事年鉴1949.10—1987》：1542）这一时期，社会保险机构经历了从建立到统一，职责逐步明确，工作逐渐规范的发展过程。1985年，劳动部发布《关于做好统筹退休基金与退休职工服务管理工作的意见》，提出：“各级政府要建立社会保险机构，负责统一征收、统一开支和统一管理退休基金，指导退休职工服务管理委员会开展对退休职工的服务管理工作，并逐步创造条件，把整个社会保险工作统一管起来。”(金维刚，2019:238）1986年7月，国务院发布的《国营企业实行劳动合同制暂行规定》也指出：“劳动合同制工人退休养老工作，由劳动行政主管部门所属的社会保险专门机构管理，其主要职责是筹集退休养老基金，支付退休养老费用和组织管理退休工人。”(《十二大以来重要文献选编》下：1074）1989年7月，劳动部发布《关于社会保险机构的名称和工作职责的通知》，要求将省、市、县各级劳动部门所属的社会保险机构的名称统一为“社会保险事业管理局”，并规定：“其主要职责是负责企业职工（包括合同制工人）社会保险基金的筹集、管理、支付和职工社会保险

档案的记载、管理工作。”(刘文华，2001:628) 1990年10月，劳动部发布《关于加强养老保险基金的征缴和管理工作的通知》(唐德华等，1993:938)，进一步规范了养老保险基金的征缴和管理工作。截至1991年底，全国共建立省、市、县三级社会保险管理机构2900多个，配备专职社会保险干部25000多人。劳动部还制定了统一的养老保险基金统计报表，每年定期召开统计报表会审会。部分地区开始采用计算机管理养老保险，为全国数据联网和共享打下基础。(《中国劳动年鉴1990—1991》：274)

二、基层探索与顶层设计的有机互动

制度改革启动后，中央顶层设计的一个重要挑战是选择新制度模式。1981年智利推行养老金私有化改革，使智利成为“世界上第一个对传统现收现付制度进行根本性变革，建立以个人账户为基础完全积累制模式养老金计划的国家”。(郑秉文等，2006)“智利模式”也在世界范围受到普遍关注。但正如原劳动部副部长王建伦在全国社会保险工作会议上的报告中所言，在选择养老保险模式时，应从我国的实际情况出发，特别是三个不容回避的现实：一是“人口多、底子薄”；二是经济处于“高速发展阶段”，“应当把追求效率放在优先地位，但为了防止两极分化，又必须注重社会公平，在社会政策领域更是如此”；三是“我国已经有了40多年的养老保险历史，有了近3000万享受养老保险的离退休人员和1亿多或迟或早将享受养老保险的在职职工，任何对新的养老保险制度的设计，都不能不考虑这样一种历史和现实状况”。(《中国劳动年鉴 1995—1996》：47）因此，中央提出把社会统筹的长处与个人账户的优势结合起来，创造一种具有中国特色养老保险制度。“社会统筹与个人账户相结合的实质就是把公平与效率结合起来，把社会互济与自我保障结合起来，把保障基本生活与鼓励勤奋劳动结合起来。”（《中国劳动年鉴 1995—1996》：48）1993 年 11 月，《中共中央关于建立社会主义市场经济体制若干问题的决定》中明确提出：“城镇职工养老和医疗保险金由单位和个人共同负担，实行社会统筹和个人账户相结合。”（《十四大以来重要文献选编》上：536）可以说，社会统筹和个人账户相结合（以下简称“统账结合”）是在对我国基本国情特点的深刻认识和借鉴国际经验教训基础上提出的。但同时，这也是综合考量地方试点实践的结果，为两种实践的继续积累和发展提供了空间。

根据《中共中央关于建立社会主义市场经济体制若干问题的决定》，1993 年 12 月劳动部制定并印发了《关于建立社会主义市场经济体制时期劳动体制改革总体设想》，其中养老保险制度改革的阶段性目标包括：“继续扩大覆盖面，把各类企业职工都纳入养老保险范围”；“要根据条件逐步提高统筹层次”，“有条件的地区应建立各类城镇职工统一的养老保险制度和实行统一的养老保险费率，为实现城镇养老保险一体化管理创造条件”；“实行基本养老金计发办法改革”；“进一步巩固企业职工个人缴纳部分基本养老保险费的制度”；“建立养老待遇与缴费挂钩，养老金调整与社会平均工资增长相联系的机制”；“推动企业补充养保险和社会化服务体系的建立”。此外还提出制定《社会保险法》和《职工养老保险条例》。（《中国劳动年鉴 1992—1994》：617、619）围绕这些方面，在改革探索阶段打下的良好基础上，这一阶段城镇企业职

工基本养老保险制度改革得到了巩固和深入。

（1）在扩大社会统筹范围、提高社会统筹层次、地区建立统一制度方面。在全民所有制企业全面完成退休费用社会统筹基础上，1992—1994年城镇集体企业实行基本养老保险费用社会统筹的市县分别达到1500个、1800个和2024个，参加社会统筹的职工数从6000多万上升到8494.1万。（《中国劳动年鉴1992—1994》：224）社会统筹层次也不断提高，到1993年12月，全国有13个省级地区实现了省级统筹。海南、上海、大连、烟台、温州等地区建立了包括城镇所有从业人员在内的统一制度、统一标准、统一调剂使用基金、统一管理的一体化基本养老保险制度。（《中国劳动年鉴1992—1994》：104、224）1995年5月，劳动部发布《关于印发基本养老保险覆盖计划的通知》，要求城镇企业职工基本养老保险制度要覆盖城镇各类企业的全部劳动者、个体工商户和私营企业主，有条件的地区也可以扩大到自由职业者。（《深化养老保险制度改革实用手册》：29）截至1995年底，参加社会统筹的离退休人员达到2241万人，占城镇企业离退休人员总数的94.7%。（《中国劳动年鉴1995—1996》：140）

（2）在坚持个人缴费、推广养老金计发办法改革和调整养老金待遇方面。1992年起实行职工个人缴费的地区不断增多，到1994年底参加个人缴费的职工达到6000万人以上。（《中国劳动年鉴1992—1994》：224）伴随经济体制改革深入，职工退休后以什么为基数来计算养老金（文件中称“退休费”），已经成为企业在改革中急需解决的一大难题。1992年，南昌和锦西市（今葫芦岛市）首先进行了养老金计发办法改革试点，取得较好效果。（《中国劳动年鉴1992—1994》：223）新的养老金计发办法以地区社会

平均工资为基准，并与职工本人缴费工资和缴费年限挂钩。锦西市推行新计发办法后，“企业经营者关心缴费后给本单位职工所谋得的利益，职工关心缴费后自己退休的待遇水平，从而形成了企业和职工自觉积极参与、互为促进、监督缴费工作的良好机制”。(吕秉权，1994) 1993年10月，劳动部下发《关于基本养老金计发办法改革试点工作的通知》(朱家甄等，1995:800)，把试点工作推向全国，当年年底就推广到20个省的600多个市县，到1994年底进一步扩展到22个省的1300个市县。(《中国劳动年鉴1992—1994》：223) 此外，为了使养老金待遇水平与社会经济发展相适应，1994年《国务院关于调整企业离退休人员退休金的通知》和《国务院办公厅关于调整企业离退休人员退休金有关问题的通知》相继发布，截至1995年底已经有25个省、自治区、直辖市制定了基本养老金正常调整机制。(《中国劳动年鉴1995—1996》：140)

(3) 在社会保险服务体系社会化法制化建设方面。1993年7月，劳动部发布《企业职工养老保险基金管理规定》(孙陆军，2009:181-184)，对基金征集、支付、管理、保值增值、监督检查、罚则等方面工作做了全面规定。同年，劳动部先后发布《社会保险会计制度（试行）》《企业职工养老保险基金管理规定》《社会保险统计管理规定》《社会保险财务制度（试行）》等规章制度，(《中国社会保险工作全书》，1995：899、797、870；《中华人民共和国法律法规全书》第4卷：1079) 为社会保险各方面工作提供了重要依据，规范了城镇企业职工基本养老保险制度的运行。截至1995年底，全国共建立各级社会保险机构3298个、工作人员达43000多人。(《中国劳动年鉴（1997）》：114)

1995年3月1日，国务院发布《关于深化企业职工养老保险

制度改革的通知》(以下简称1995年《通知》)，这是继1991年《决定》之后有关城镇企业职工基本养老保险制度改革的又一个重要文件。1995年《通知》中明确提出了制度改革目标是："到本世纪末，基本建立起适应社会主义市场经济体制要求，适用城镇各类企业职工和个体劳动者，资金来源多渠道、保障方式多层次、社会统筹与个人账户相结合、权利与义务相对应、管理服务社会化的养老保险体系。基本养老保险应逐步做到各类企业和劳动者统一制度、统一标准、统一管理和统一调剂使用基金。"(《十四大以来重要文献选编》中：1234）虽然提出了建立统一制度的目标，但1995年《通知》中还是提出了两种不同的实行"统账结合"具体实施办法，"这两种办法遵循的原则是一致的，区别在于一个账户大一点，一个账户小一点；一个公平的因素体现在记账过程中，一个公平因素体现在给付过程中；一个与利率联系紧密些，一个与工资联系紧密些"。(《中国劳动年鉴1995—1996》：48）其中实施办法一规定："基本养老保险个人账户按职工工资收入16%的费率记入。"实施办法二规定："职工个人缴费的全部或者一部分记入个人账户；企业缴费中，职工缴费工资基数高于当地职工平均工资200%以上至300%的部分，可以全部或者一部分记入个人账户。"(余建明，1998:434、436)

为了深化制度改革，推行"统账结合"模式和保证试点工作顺利推进，劳动部成立了养老保险制度改革试点指导小组，从1995年2月中下旬开始，试点指导小组分5路赴16个省、自治区、直辖市和11个行业统筹部门进行三轮调查研究。同年12月初，在上海、合肥分别召开了13省、16城市座谈会，交流研讨实施中的政策和技术问题，并确定了49个城市作为改革的重点联系和指导城市。到1995年底，已有29个省、自治区、直辖市出台了“统账结合”方案。(《中国劳动年鉴1995—1996》: 140) 1996年各地方案开始实施，但方案差距比较大。根据国家计委社会发展研究所的调研报告，在29个推动养老保险向“统账结合”模式过渡的省级单位中，实际上出现了三种制度过渡办法：上海、吉林、黑龙江、江西、河南、云南、青海7省、市选择了1995年《通知》中的实施办法一；北京、天津、浙江、湖南、广东5省、市选择了实施办法二；湖北、河北、陕西、山西、内蒙古、辽宁、江苏、安徽、福建、山东、广西、四川、贵州、甘肃、宁夏、新疆17个省、自治区及电力、水利、石油、交通、煤炭5个部门则综合借鉴了两个方案，并结合本地区、本部门实际情况制定了第三类办法。海南省则实行了具有当地特色的办法。[1] 地方上制度差异的不断扩大让中央意识到必需推动全国制度的统一和完善。

地方制度执行呈现的这种差异是城镇企业职工养老保险制度变迁的双重机制特征决定的。改革开放以来，企业职工养老保险制度改革的启动受到政治逻辑与经济逻辑的共同作用，是双重机制作用下的制度变迁。如前文所述，企业职工养老保险制度改革的试点类型具有高分权、强推广的特征。社会统筹改革推广迅速，同时地方政府在试点中具有广泛的自由裁量权。这一试点时期中的官方文件常常表述为“考虑到各地区和企业的情况不同，各省、自治区、直辖市人民政府可以根据国家的统一政策，对职工养老保险做出具体规定，允许不同地区、企业之间存在一定的差距”。(国发【1991】33号)“具体办法在国家政策指导下由省、自治区、直辖市人民政府确定”(国发【1995】6号)。这些表述说明，中央

[1] 参见《目前我国养老保险存在的问题及对策》,《新东方》1997年第1期。

政府及职能部门在启动改革，开始试点的过程中给予了地方政府很多自由裁量权。这些方面包括，一是制度结构设计，如企业和个人缴费率，个人账户规模等；二是征管体制，在管理方面，存在社会统筹和行业统筹的制度性分割情况。在基金征收体制方面，存在社保机构征收和税务部门征收两种情况。在20世纪80年代实行单位统筹到社会统筹改革时，有些地区的地方政府选择了社会保障经办机构来征收养老保险费，而有些地区则选择了由地方税务部门征收，相比之下，当时在一些地区地方税务部门对企业的控制力更强，更具威慑力，征收效果更好。1999年，国务院颁布的《社会保险费征缴暂行条例》(国发【1999】259号）中将社会保险费征缴机构的选择权交给了省级人民政府，默认了社保经办机构和地税部门都有权承担征缴工作，这一分权也无疑导致了养老保险征缴体制的碎片化倾向。高分权、强推广的试点塑造了制度漂移型的制度变迁，这种制度变迁的特征是各地根据地方社会情境和制度环境的实际执行政策，容易形成广泛的差异化的反应性试点实践。这种差异主要表现为政治逻辑与经济逻辑下不同的参与者及其互动模式。

政治逻辑，即制度改革的动力来自于社会需求之上的政治回应。这一机制的核心特征是中央政府必须对地方社会需求做出即时回应和应对指示，但制度改革的设计常常是在中央授权下，由地方或属地政府根据社会需求和政府资源的综合情况而完成的。政治逻辑下制度改革的参与者们形成了特定的互动方式和目标模式，如图3-1所示。具体来说，中央政府、地方政府、企业（国企、集体企业）和企业下岗职工是政治回应性机制中的主要参与者。经历了计划经济的城镇国企、集体企业退休职工，坚持企业

应该提供广泛的养老福利保障，并认为国家对此负有最终的政治和财政责任。中央政府承认和坚持这一福利承诺，同时为了维持社会安定，会对退休职工养老难题的解决进行指导、授权和财政支持。地方政府一方面需要中央授权和政策支持来推动制度改革，另一方面寻求提高企业缴费率、扩大制度覆盖面来扩充养老基金，并希望提高统筹层次来获得养老基金盈余地区的基金补给。企业方面，一是为了应对经济体制改革后的市场竞争而要求降低企业养老负担，二是希望政府为养老金支出“兜底”，由政府支付制度改革中的“历史债务”。因此在政治回应性机制下，改革参与者们期望的养老保险目标模式是实现全国统筹的高度共济性的现收现付制，即完全的社会统筹账户。

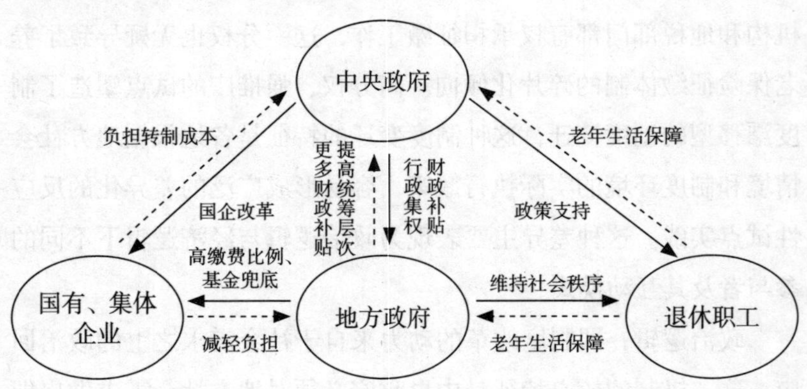

图3-1 政治逻辑的互动模式

（注：图中实线代表参与者间的实际行为及影响，虚线代表参与者间的相互期望。箭头起点为行为实施或期望的发起者，终点为行为实施或期望的对象）

经济逻辑，即制度变迁来自于体制改革、市场发育和企业成长的直接压力。这一机制的核心特征是市场经济的发育催生了社会保障制度的构建，经济政策市场化改革也会导致社会政策发生

调整。在这一机制中，中央政府、地方政府、企业（私有制企业）和企业在职员工是制度变迁的主要参与者，他们的互动方式和目标模式与政治回应性机制不同，见图3-2，企业在职职工希望企业依法为自己缴纳社会保险，倾向于选择完全个人账户的基金积累制，因为个人账户多缴多得并可以继承。中央政府则放权由地方或属地政府自行定立制度，以此刺激地方经济增长，但同时为了保证劳动力流动畅通，推动制度社会化改革并不断出台养老保险转移接续的指导政策，地方政府则需要中央授权制度改革的较大自由裁量权，采取较低的企业缴费率减轻企业负担，吸引更多企业入驻。属地养老基金充足，属地政府不希望在基金共济中成为损失一方，而上级政府也不愿徒增事权，因而经济市场化机制中的基金统筹层次呈现下沉趋势。在经济市场化机制下，改革参与者们期望的养老保险目标模式是低统筹层次的高度地方自主权的基金积累制，即完全的个人账户。

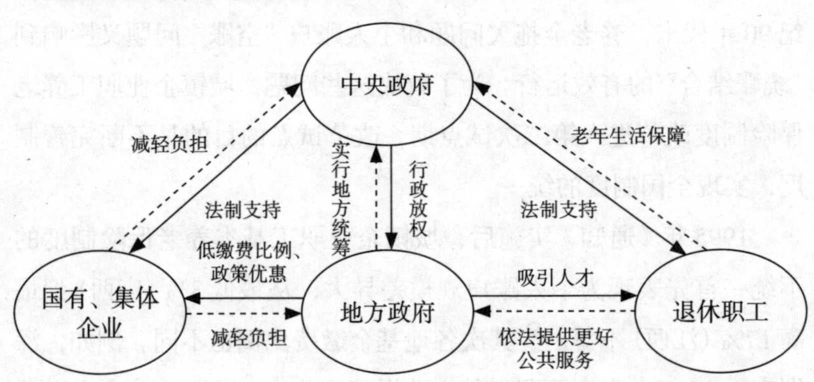

图3-2　经济逻辑的互动模式

（注：图中实线代表参与者间的实际行为及影响，虚线代表参与者间的相互期望。箭头起点为行为实施或期望的发起者，终点为行为实施或期望的对象）

政治逻辑与经济逻辑在企业职工养老保险制度变迁过程中，时而交错时而分离，两者都指向了制度社会化改革的方向，却形成了不同的目标模式——在政治回应性机制下制度变迁的导向是新养老保险模式围绕社会统筹账户展开，通过实现全国统筹，发挥“互助共济”功能来解决部分地区的养老金支付压力，兑现政治承诺和维护社会秩序；而经济市场化机制下制度变迁的导向是新养老保险模式围绕个人账户展开，为老龄化社会到来做好制度准备，尽可能降低企业负担，通过全国制度统一支撑流动畅通的劳动力市场，促进经济体制改革和经济增长。

三、不断试点与不断完善的制度统一

各地养老保险制度改革方案不统一的弊端愈加凸显。20世纪90年代末，养老金拖欠问题和个人账户“空账”问题又影响到“统账结合”的有效运行。为了解决这些问题，城镇企业职工养老保险制度改革进入第二次试点期，改革试点的目的是不断完善制度，实现全国制度的统一。

1995年《通知》实施后，城镇企业职工基本养老保险制度的不统一首先表现为个人账户规模差异大，从最低3%（广西）到最高17%（江西）不等。[1] 其次各地基金缴费比例也不同。例如，深圳市1996年本市户籍职工的企业缴费率为14%—15%、个人缴费率为4%—5%，非本市户籍人口企业缴费率为7%、个人缴费率为3%。上海从1994年6月1日起企业缴费率为25.5%，个人缴费率

[1] 参见《目前我国养老保险存在的问题及对策》，《新东方》1997年第1期。

为3%。[1]此外，一些中央单位或企业在中央批准下实行了同行业统筹，制定了本行业的职工基本养老保险规定，也阻碍了全国制度的统一。(孙陆军，2009:202-211）各方面逐步形成共识：“这种多种办法并存的格局，不利于基本养老保险制度的统一，不利于劳动力市场的发展，必须尽快统一养老保险制度。”为了解决制度不统一问题，自1996年5月开始，由劳动部、国家体改委、国家计委等相关部门组成的联合调研组先后赴湖北、辽宁、北京、上海等地，直接听取了14个地政府领导的意见，召开了一系列座谈会，研究制度统一问题。(《中国劳动年鉴（1997）》：194、104）

在调查和研究的基础上，国务院制定了《关于建立统一的企业职工基本养老保险制度的决定》(以下简称1997年《决定》)，并于1997年7月16日正式发布。在1997年《决定》中，统一制度主要体现在四个方面：一是统一了企业和职工个人缴费比例，规定企业缴费比例“一般不得超过企业工资总额的百分之二十（包括划入个人账户的部分)”，个人缴费比例“最终达到本人缴费工资的百分之八”；二是统一了个人账户比例，即“按本人缴费工资百分之十一的数额为职工建立养老保险个人账户，个人缴费全部记入个人账户，其余部分从企业缴费中划入”；三是统一了基本养老金计发办法，“基本养老金由基础养老金和个人账户养老金组成”，基础养老金月标准为“省、自治区、直辖市或地（市）上年度职工月平均工资的百分之二十，个人账户养老金月标准为本人账户储存额除以一百二十”；四是“要逐步由县级统筹向省或省

[1] 《深圳市企业历年养老保险缴费比例一览表》，本地宝网站，http://bsy.sz.bendibao.com/bsyDetail/1933.html，2020年11月19日；《上海市城镇职工养老保险办法》，上海市人力资源和社会保障局官网，http://rsj.sh.gov.cn/txgszfgz_17262/20200617/t0035_1388504.html，2020年7月8日。

授权的地区统筹过渡”，并取消行业统筹。1997年《决定》中还对养老保险基金管理做出规定：“基本养老保险基金实行收支两条线管理，要保证专款专用，全部用于职工养老保险，严禁挤占挪用和挥霍浪费”。(《十四大以来重要文献选编》下：596、597、598）1997年《决定》在总结各地探索社会统筹和个人账户相结合经验的基础上，对养老保险制度进行了统一，通过建立养老金正常调整机制，使离退休人员分享了社会发展成果，体现了养老保险制度从企业保险到社会保险的根本性变革。

1997年《决定》发布后，为了推动制度统一工作，同年7月29日，全国统一企业职工基本养老保险制度工作会议在北京召开，这次会议对于建立全国统一的企业职工基本养老保险制度来说，主要解决了制度、思想和政策的统一问题。会上劳动部对“向统一方案并轨的时间安排”“个人账户”“新老制度平稳过渡”“提高个人缴费比例和控制企业缴费比例”“提高养老保险基金统筹层次”“进一步完善基本养老金正常调整机制”“加强养老保险基金管理”七个具体问题进行了说明和工作部署。(《中国劳动年鉴(1998)》：63—65）为了进一步落实1997年《决定》和上述会议精神，加强基金管理工作，1997年12月22日，劳动部发布《职工基本养老保险个人账户管理暂行办法》，对个人账户的建立、管理、转移、支付和继承等工作做了具体规定。(《中国劳动年鉴(1998)》：383—387）1998年1月，经国务院批准，财政部、劳动部、中国人民银行、国家税务总局联合下发《关于印发〈企业职工基本养老保险基金实行收支两条线管理暂行规定〉的通知》，要求“基本养老保险基金纳入单独的社会保障基金财政专户，实行收支两条线，专项管理，专款专用，任何部门、单位或个人均不

得挤占、挪用，也不得用于平衡财政预算”。(孙陆军，2009:376)进一步规范了职工基本养老保险个人账户的建立和使用，保障了广大劳动者的合法权益。

1998年8月，为了做好社会统筹工作，国务院发布《关于实行企业职工基本养老保险省级统筹和行业统筹移交地方管理有关问题的通知》，明确要求：“1998年底以前，各省、自治区、直辖市要实行企业职工基本养老保险省级统筹，建立基本养老保险基金省级调剂机制”，还要求“在1998年8月31日以前，实行基本养老保险行业统筹企业的基本养老保险工作，按照先移交后调整的原则，全部移交省、区、市管理。从1998年9月1日起，由省、区、市社会保险经办机构负责收缴行业统筹企业基本养老保险费和发放离退休人员基本养老金”。还规定“到2000年，在省、区、市范围内，要基本实现统一企业缴纳基本养老保险费比例，统一管理和调度使用基本养老保险基金，对社会保险经办机构实行省级垂直管理”。(孙陆军，2009:29-30)文件发布后，劳动保障部会同财政部召开专门会议，组织31个省、市、区和10个行业、15个单位进行了交接，签署了394分交接协议书。到1998年底，移交工作陆续完成，并有26个省、区、市初步实现了省级统筹或建立了省级调剂金制度。(《中国劳动和社会保障年鉴(1999)》:169—170)

为了提升城镇企业职工基本养老保险服务体系的社会化水平，劳动部在发布《关于加快养老金社会化发放工作的通知》规定了“委托银行发放”“依托社区发放”等养老金社会化发放形式基础上(孙陆军，2009:298-300)，在2002年又正式确定了100个城市作为社会化管理服务重点联系城市，明确了社会化管理服务工作的基本内容、原则、目标、任务、步骤和措施。(《中国劳动和社会保障年鉴(2003)》: 282)截至2002年底，全国企业退休人员养老金实现社会化发放的人数达到3352万人，社会化发放率从1998年的35%提升到99.4%。(《中国劳动和社会保障年鉴(2002)》: 257;《中国劳动和社会保障年鉴(2003)》: 282)2003年退休人员社会化管理得到突破性进展，全国社会化管理率上升41个百分点，达到84.5%，北京、天津、辽宁、上海的社会化管理率已达90%以上，全国共有2932万名退休人员实行了社会化管理服务。(《中国劳动和社会保障年鉴(2004)》: 218)

这一阶段，除制度不统一问题外，养老金拖欠和个人账户“空账”问题也受到中央的高度重视。由于一些国有企业在体制改革中遭遇经济困难，拖欠了应缴纳的养老保险基金，致使一部分企业退休职工养老金没有按时足额发放。养老金支付压力大的地区还出现了挪用个人账户基金支付当期养老金的现象，导致个人账户“空账”运行，东北地区尤其严重[1]，这给实现制度统一和未来养老金给付带来了阻碍和隐患。为了解决以上问题，政府一是通过财政支持补发拖欠养老金，二是推动和支持“空账”地区做实个人账户。据统计，1998—2003年补发历史拖欠养老金分别为30亿元、133亿元、38.48亿元、14亿元、3亿元、5.8亿元。2004年全国企业离退休人员基本养老保险首次实现全面无拖欠。[2]

---

❶ 据统计，1997年末全国拖欠养老金37.5亿元中有近一半来自东北地区，养老金拖欠问题还影响了社会安定。(高书生，2006:136-137)

❷ 参见年鉴数据。《中国劳动和社会保障年鉴(1999)》: 168;《中国劳动和社会保障年鉴(2000)》: 242;《中国劳动和社会保障年鉴(2001)》: 272;《中国劳动和社会保障年鉴(2002)》: 256;《中国劳动和社会保障年鉴(2003)》: 281;《中国劳动和社会保障年鉴(2004)》: 217;《中国劳动和社会保障年鉴(2005)》: 286。

同时，2001年在辽宁省、2004年在黑龙江省和吉林省，中央陆续启动了做实个人账户改革试点，经过商谈，最终中央财政负担个人账户基金缺口的75%，辽宁省一次性做实，中央财政补助43亿元，吉林省和黑龙江省分三年做实，中央财政补助合计50亿元和88.8亿元。（鲁全，2011:112、129、131）

2005年12月3日，在充分调查研究和总结东北三省改革试点经验基础上，国务院发布《关于完善企业职工基本养老保险制度的决定》（以下简称2005年《决定》），指出："随着人口老龄化、就业方式多样化和城市化的发展，现行企业职工基本养老保险制度还存在个人账户没有做实、计发办法不尽合理、覆盖范围不够广泛等不适应的问题，需要加以改革和完善。"（孙陆军，2009:51）2005年《决定》提出了完善企业职工基本养老保险制度的指导思想和主要任务。此后，围绕制度统一和制度完善的目标，城镇企业职工基本养老保险制度改革主要从以下方面推进。

（1）继续推进做实个人账户。2005年11月，劳动和社会保障部下发《关于扩大做实企业职工基本养老保险个人账户试点有关问题的通知》，规定了做实个人账户的原则和范围，部署了扩大试点的比例和时间，并对政府财政补助、基金运营管理等进行规定。（孙陆军，2009:593-594）2007年2月起做实个人账户试点进一步扩大，劳动和社会保障部发布《关于进一步扩大做实企业职工基本养老保险个人账户试点工作有关问题的通知》，对天津、山西、上海、山东、河南、湖北、湖南、新疆等地进一步推动做实个人账户工作、提高做实个人账户比例，以及江苏、浙江、广东等经济发达省份依靠自身能力开展做实个人账户试点工作进行了部署。（《中国老龄法律法规文件汇编》：551—552）2008年，人力资源和社会保障部、财政部联合下发《关于完善做实个人账户试点工作有关问题的通知》，对试点省份资金配套和个人账户基金管理进行规范。(《中国人力资源和社会保障年鉴(工作卷)》：710) 截至2010年，东北三省和天津等8省市共积累做实个人账户基金2039亿元。(《中国人力资源和社会保障年鉴(工作卷)》：654)

(2) 不断扩大养老保险覆盖范围。2006年，“劳动保障部从规范个体工商户和灵活就业人员参保缴费政策入手，以非公有制经济组织和灵活就业人员参保为重点”推动扩大制度覆盖面工作。(《中国劳动和社会保障年鉴(2007)》：第284—285)2005—2010年，城镇企业职工基本养老保险参保在职职工人数从13120.2万增长至19402.3万，参保离退休人员从4367.5万人增长至6305万人。在职职工参保人数占城镇就业总人数比例从2005年的46.2%上升为2010年的55.9%。(《中国人力资源和社会保障年鉴(工作卷)》：960、999) 随着参保职工来源的差异扩大，养老保险关系转移接续对制度顺畅运行愈加重要。2009年12月，国务院办公厅发布《城镇企业职工基本养老保险关系转移接续暂行办法》(《社会保险相关法律法规文件汇编》：67—70)，明确了与转移接续相关业务的经办规程。

(3) 改革基本养老金计发办法。2005年《决定》强调要进一步完善鼓励职工参保缴费的激励约束机制，还对不同时期参加城镇企业职工基本养老保险制度的职工退休后的养老金待遇进行了区分：在1997年《决定》实施后参加工作，缴费年限累计满15年的退休职工，其养老金由基础养老金和个人账户养老金组成；1997年《决定》实施前参加工作，2005年《决定》实施后退休且缴费年限累计满15年的退休职工，其养老金除基础养老金、个人账

户养老金外，再发给过渡性养老金；在2005年《决定》实施前退休的职工，仍按国家原来的规定发给养老金。(孙陆军，2009:52）上述三类退休职工分别被称为“新人”“中人”和“老人”，对他们养老金待遇的区分，特别是发给“中人”过渡性养老金，体现了制度改革中的公平导向。截至2006年底绝大多数省份制定了“中人”过渡性养老金计算办法，同时保证退休人员不因计发办法改革降低待遇，得到退休人员的广泛认可，改革进展平稳。(《中国劳动和社会保障年鉴（2007）》：285）此后，人力资源和社保障部对各地实施情况进行追踪，2008年要求少数自行增加待遇项目的省市清理规范相关政策，对个别自行改变计发办法的省份进行纠正，保证各地改革计发办法工作进展顺利。(《中国人力资源和社会保障年鉴（工作卷）》：747）

(4) 坚持提高社会统筹层次。社会统筹层次关系到城镇企业职工基本养老保险制度统筹调剂基金的能力，由于省级统筹没有全面实现，2007年1月劳动保障部会同财政部制定下发了《关于推进企业职工养老保险省级统筹有关问题的通知》，明确了省级统筹标准并进行了工作部署，(孙陆军，2009:624−625）2007年，在原有13个省份实现省级统筹基础上，江西、河南、湖南和西藏4省区和新疆生产建设兵团制定出台了省级统筹办法。(《中国劳动和社会保障年鉴（2008）》：377）截至2009年末，未出台办法的省份均由省级政府制定了省级统筹办法，由此在全国范围建立省级统筹制度的目标也已实现。(《中国人力资源和社会保障年鉴（工作卷）》：710页）

此外，2005—2010年养老金连续6年实现当期发放无拖欠；(《中国人力资源和社会保障年鉴（工作卷）》：653）养老金待遇不断提高，从2005年底的700元提高到2010年的1300多元，翻了近一倍；[1] 基本养老保险管理服务体系社会化水平也不断提高，到2010年底，全国纳入社区管理的企业退休人员4344万人，占企业退休人员总数的76.2%。（《中国人力资源和社会保障年鉴（工作卷）》：654）

在启动改革，实现制度创新后，企业职工养老保险制度改革进入完善和统一时期，1997—2010年中央推动了制度统一和制度完善的进程，统一了企业和职工个人缴费比例、个人账户比例、社会统筹层次和基本养老金计发办法，制度覆盖面显著扩大，养老金待遇调整机制愈加完善，基本养老保险管理服务体系社会化水平不断提高。在政府财政的大力支持下，养老金拖欠问题得到彻底解决，个人账户也逐步做实，保证了“统账结合”的有效运行。2010年10月28日，党的十一届全国人大常委会第17次会议通过《中华人民共和国社会保险法》，其中第二章对基本养老保险做出规定[2]，城镇企业职工基本养老保险制度框架得以以法律形式确立，标志着制度改革取得了具有里程碑意义的阶段性历史成就。自2010年至2019年基金运行基本正常。年末城镇职工养老保险参保人数稳步上涨，从25707.3万人上涨到43487.9万人；基金收入也逐年上涨，2010年收入13872.9亿元，2019年收入57025.9亿元，增加了3倍多；2010年至2019年当年基金结余平均4866.7亿元，2019年当年结余4683.6亿元，累计基金结余达到62872.6亿元。（《中国统计年鉴2020》：783-785）2019年，企业职工养老保险参保人数达到4亿多，是世界上规模最大的养老

[1] 参见《养老金，“六连涨”后怎么涨》，《人民日报》2010年3月4日。
[2] 《中华人民共和国社会保险法》，《人民日报》2011年2月11日。

保险制度。

城镇企业职工基本养老保险制度目前运行良好，但也存在挑战，改革并未止步。2011年以来，基金参保人数、基金收入逐年升高。截至2019年，全国参保人数达到4亿多，累计基金结余达到62872.6亿元，是世界上规模最大的养老保险制度。(《中国统计年鉴（2020）》：783—785）但同时，2012年就有学者指出企业职工养老保险基金快速增长，但剔除财政补贴后却有半数省份收不抵支。(郑秉文等，2012）即便如此，基金盈余较多的省份仍要求降低企业缴费率以降低企业成本，对此2019年3月发布的《政府工作报告》中指出："下调城镇职工基本养老保险单位缴费比例，各地可降至16%。"[1]《中华人民共和国社会保险法》中提出"要逐步实现基金国家统筹"，[2]但至今全国统筹未能实现。对此有学者呼吁尽快实现养老基金的全国统筹，将地方"承包制"回归到国家统一制度。(郑功成，2015）但也有学者认为基金统筹层次应下放到省级以下，并由属地政府根据自身情况自主确定缴费比例和待遇标准，以免挫伤企业成长，而在转移接续上通过技术实现"各省分散负责、跨省流动就业分段缴费、退休地累计发放养老金"的"N对1"养老金支付模式。(吴素萍等，2020:63-69）如何解决以上问题，保证制度可持续地有效运行，是城镇企业职工基本养老保险制度面临的新挑战。

这一时期的试点类型与此前不同，首次试点期中央政府及职能部门给予地方政府很多自由裁量权，甚至在早期未形成明确的改革目标时，强调地方先行先试，可以根据地方实际需要开展各

---

[1] 《政府工作报告》,《人民日报》2019年3月17日。

[2] 《中华人民共和国社会保险法》,《人民日报》2011年2月11日。

种制度试点，因此在试点过程中未有进行普遍的督导工作，仅仅以调研组到地方考察的形式搜集地方的试点经验，并提出政策建议，但并非强制地方政府执行。相比之下，在制度完善和统一阶段，1997年后的制度统一和东北三省做实个人账户的试点呈现出显著的自上而下的督导。后者成立了中央试点领导小组，并建立了监督工作机制，包括试点工作日常定期汇报、做简报、不断深入调查、召开试点工作会议、汇总工作考核数据等。(鲁全，2011：177-178）低分权、强推广的试点主导了制度的纠偏，试点在这一过程中已经不是静态的政策工具，而是一个动态的政策过程，这将在下节详述。

四、试点与双重机制：路径分歧与制度纠偏

历经40余年制度改革，城镇企业职工基本养老保险制度完成了两个重大转变，一是从单一社会统筹账户（“现收现付制”）转变为社会统筹和个人账户相结合（“现收现付制”和“完全积累制”相融合)；二是从企业保险转变为社会保险，养老金支出责任由国家、企业、个人共担，制度运行与服务管理体系也实现了社会化。从改革历程来看，城镇企业职工基本养老保险制度经历了改革启动与探索、创新与深入再到统一与完善的不同阶段。在这一过程中，城镇企业职工基本养老保险制度改革不断适应经济体制改革的要求，不断解决了养老金支付难题，及时回应了社会养老需求，在实现制度创新与过渡的同时，也为经济建设和保障民生做出了巨大贡献。

回顾这一过程，政治逻辑与经济逻辑的双重机制为早期改革提供了动力和方向，但两者间张力也塑造了制度变迁的路径分歧，导致了制度碎片化和制度扭曲的问题。如上文所述，在“通胀结合”模式确立后，地方制度设计和运行产生差异，表现为制度内赡养率差异、养老金支付压力差异等。从两种反应性试点实践模式来看，中央政府、地方政府和企业等参与者对基金缴费率、基金统筹层次等方面的制度设计需求不同，更加导致了制度碎片化的倾向。

这种制度碎片化中的一个极端现象可以称为“福利逆转”，福利逆转是指，经历了改革开放和社会保障制度体系改革，不同地区的公共福利保障发生了颠倒换位。这集中表现在东北老工业基地地区和广东等东南沿海经济发达地区，前者的企业职工养老保险制度变迁主要遵循政治回应主义逻辑，而后者则更多地遵循经济生产主义逻辑。在计划经济时期，东北老工业地区城市人口多，单位式公共福利高而全面，而广东等东南沿海地带城市不发达，人口少，缺乏公共福利保障。但经历了改革时期后，两者发生了逆转，虽然东北地区公共福利的覆盖面广，但待遇低，生活水平下降，反而广东地区的公共福利保障待遇不断提高，制度体系愈加完善，在这里经济增长快，大量青年劳动力流入，养老保险基金的支出压力小，基金积累及盈余高，地方政府在执行创新型政策上更主动，改革效果更好。但是，由于市县级统筹层次优先于省级、国家级范围内实现了制度覆盖面的拓展和一体化进程，因此反而阻碍了统筹层次的提高和制度在更广区域内的整合。同时，因为养老保险基金盈余，这些地区也有能力调低缴费率，从而对企业产生吸引力，形成一个良性循环。而在经济增长不断降

速，青年劳动力净流出的东北地区，养老保险基金的支出压力大，基金积累及盈余低，地方政府不断提高统筹层次来提高基金的共济作用，帮助支出压力大的企业和单位，同时制定了高缴费率，不仅挫伤了体制外企业参保的积极性，同时在监管不严的情况下，实际上存在大量“逃费”现象，很多企业雇员没有养老保障，导致养老福利保障差距扩大，陷入了一个恶性循环。

双重机制和两种反应性试点实践还导致了企业职工养老保险的制度扭曲。如第一章所述，养老金模式分为现收现付模式和基金积累模式，前者共济性强（且统筹范围越广共济性越强），后者应对社会老龄化的能力更好。中国在计划经济时期实行了类似现收现付制度的劳动保险制度（没有个人缴费），在改革开放初期，为了救济养老金支出压力大的企业而实行了行业统筹和市县级统筹，随后提出向省级统筹过渡，之后明确了基础养老金部分全国统筹的改革计划，但由于在两种反应性试点实践中地方政府对统筹层次的改革意愿不同，因此统筹层次实际上在经历漫长改革后仍没有实现全面省级统筹，这就导致了统筹账户的共济功能没有实现最大程度的发挥。而个人账户在20世纪90年代中期以来，常常要救济社会统筹账户因而导致了“空账”运行问题，中央政府在财政充足的条件下，为了应对老龄化和完善统账结合制度，通过财政补助的方式帮助地方实现做实个人账户，同时在养老金待遇增长上，也给予中西部高额财政补助。这导致的结果是，个人账户实际上通过中央转移支付发挥了一定“基金共济”功能。因而导致了统账结合模式的制度扭曲。

此外，对于养老金支付压力大的地方省级政府和职能部门来说，解决县区级养老金支付困难的方法主要有三个，一是挪用个

人账户资金补充社会统筹账户，用于当期支付；二是提高基金统筹层级，加强基金的共济性，“抽肥补瘦”；三是扩大缴费基数，通过扩大制度覆盖面来增加养老保险基金收入。以东北地区为例，2000年以前，东北老工业基地普遍实行县级统筹，2000年改革试点后，虽然实现了省级统筹，但大部分地区的养老保险基金都处于当期收不抵支的情况，因此共济性功能并未解决养老金支付困难的问题，在做实个人账户的背景下，一方面获得了中央的财政补助，同时个人账户部分基金也无法充实社会统筹部分。在这种情况下，制度扩面成为了唯一的选择，2000年以后这一地区普遍完成了一到两次扩面。笔者在实地调研和访谈中发现，这一扩面也导致了制度扭曲。由于经济发展疲态，企业经营状况差，为了扩大基金基数，有些扩面工作将农民也包含在内，规定农民可以通过一次性缴费的形式参加城镇职工养老保险制度，由于城镇职工养老保险制度的养老金待遇远高于城乡居民养老保险制度的养老金待遇，而且一次性参保的缴费标准低于正常的缴费15年标准，因此农民的参保积极性很高。这种制度扩面虽然在短期内增加了养老保险基金收入，但也造成了很严重的负面影响，一是这种扩面本质上是“寅吃卯粮”的做法，会导致未来养老金支付压力增大，无法保障基金的长期平衡运转；二是这种做法严重破坏了现有养老保险制度体系的资源配置规则，容易导致社会不满，政府在做出应对时，又容易导致制度的进一步扭曲，不利于制度的长期健康发展。

那么，面对不同的地方改革实践和出现分歧的制度变迁倾向，中央如何贯彻顶层设计、实现全国统一建制呢？企业职工养老保险制度改革的一个重要经验是——中央政府通过运用“试点”这一政策工具，在顶层设计与基层探索的互动中，不断调和双重机制的张力和冲突，逐渐实现全国建制。在企业职工养老保险制度改革过程中，在顶层设计明确后，反复的“试点”变成了一个地方通过试点向中央反馈政策效果，并呈现地方差异，而中央引导和纠正地方改革实践，逐渐变为将制度变迁路径合拢的过程。为了实现指导和控制，中央政府理顺了经办机构和劳动行政机构以便监督政策执行，并在制度模式出现扭曲的风险时增加行政和财政投入，确保改革目标的实现。为了推动改革并实现顶层设计，20世纪90年代以来，中央首先承认并允许了地方的改革实践的差异，利用属地根据实际情况的自发动力来推动全国范围内改革的启动和推进，但同时也在将地方差异不断纳入到顶层设计方案中，伴随改革深入而逐渐加强对地方改革实践的指导和监督，地方和属地政府在制度改革中的自由裁量权逐渐缩小，制度变迁的分歧也逐渐缩小。这一过程在中央颁布的三份重要指导性文件中有清晰展现，体现了一种全国建制的渐进式策略，见表3-2。

表3-2　企业职工养老保险制度改革中央文件比较

颁布时间	1991年	1995年	1997年
文件名称	国务院关于企业职工养老保险制度改革的决定	国务院关于深化企业职工养老保险制度改革的通知	国务院关于建立统一的企业职工养老保险制度的决定
目标模式	加入个人缴费	不同个人账户的“统账结合”模式	统一个人账户规模的“统账结合”模式

续表

颁布时间	1991 年	1995 年	1997 年
改革范围	全民所有制企业（城镇集体所有制企业可参照执行。外资和私营企业，个体劳动者养老保险制度由地方自定）	城镇各类企业职工和个体劳动者（不含县以下集体和私营企业）	城镇所有企业职工及个体劳动者
制度过渡	指导原则下，具体过渡办法由地方自行确定	提供两个实施办法供选择	规定统一过渡办法
制度设计	指导原则下，缴费比例和账户规模地方自行确定	两个方案提供不同的缴费比例和账户规模	全国统一缴费比例和账户规模

最初中央给予地方很大自主权，并允许地方差异化的改革实践，1991 年文件中指出“各省、自治区、直辖市人民政府可以根据国家的统一政策，对职工养老保险作出具体规定，允许不同地区、企业之间存在一定的差距”。伴随地方改革实践的积累和反馈，顶层设计明确了目标模式，明确了全国建立统一制度的目标，即“基本养老保险应逐步做到对各类企业和劳动者统一制度、统一标准、统一管理和统一调剂”，但中央对制度变迁分歧的纠正仍然是渐进式的，“为适应各地区的不同情况，对实行社会统筹与个人账户相结合提出两个实施办法”，“各地区还可以结合本地实际，对两个实施办法进行修改完善”。直到制度改革启动 6 年后，中央文件中明确了全国制度向统一过渡，收拢制度变迁路径，即“必须按照党

中央、国务院确定的目标和原则，进一步加快改革步伐，建立统一企业职工养老保险制度”。在制度改革范围和制度覆盖方面，最初中央在制度设计上的指导只针对全民所有制企业，进而推广到集体企业，再到外资企业、私营企业和个体劳动者；在制度设计方面，最初养老基金的提取比例都是由地方自行确定的，1995 年文件提出了两个方案的不同提取标准，1997 年文件开始明确了全国统一的缴费标准。同样个人账户规模上也从多种方案形成了全国统一方案。在养老金计发规定上，最初由属地根据地方工资改革自行调整，而后实行了以社会工资为基准的全国统一方案。

“统账结合”模式的制度优势在于，既能通过社会统筹来实现不同区域、不同企业间的互助共济，同时能够通过个人账户基金积累制来应对人口老龄化带来的养老压力。如上文所述，20 世纪 90 年代末期个人账户运行出现了“空账”问题，这就给未来的养老金支付带来巨大风险，导致“统账结合”模式无法发挥应有的制度优势。2000 年开始，中央政府在东北三省陆续启动试点，先后通过与地方政府协商确定了做实个人账户方案，并投入了超百亿的财政支持，保证“统账结合”制度模式的实质运行。最终，2010 年《社会保险法》的颁布在法律层面确定了企业职工养老保险制度的“统账结合”模式，巩固了全国统一建制，取得了企业职工养老保险制度改革里程碑式的阶段性成就。正是中央政府在“试点”中不断收集地方制度变迁分歧，将这种差异纳入改革方案，同时逐渐纠正地方实践的偏离，并通过行政机构改革为改革政策贯彻提供组织基础，为改革的实现投入大量行政和财政资源，企业职工养老保险制度改革才能够在双重机制的背景下完成全国的统一建制。这一成功实践，为在地方差异化制度变迁背景下实

现全国统一制度的改革与建制积累了丰富经验，也为顶层设计和基层探索的“良性互动、有机结合”提供了有益范本。

第四章 机关事业单位养老保险制度变迁历程

在本书截稿时，机关事业单位养老保险制度的改革刚刚渡过攻坚克难的阶段，与农村养老保险制度和企业职工养老保险制度一样基本完成了制度构建。机关事业单位养老保险的制度变迁与上述两个制度不同，它的制度改革以企业职工的养老保险模式为目标，属于并轨式制度转型。并轨式转型的动力来自于中央构建全国劳动力市场和实现社会公平正义的施政策略与追求，其制度变迁路径呈现出有限的制度层叠的特征。

机关事业单位养老保险制度改革大致经历了三次试点，第一次并轨试点期是从20世纪90年代初到20世纪末，这一时期的特征是由中央职能部门授权，地方自行探索，结果被中央叫停。第二次试点期是从2008年至2010年左右，这一时期的特征是由中央政府启动试点、统一部署，但试点范围比较有限，2008年启动的五省试点的改革只针对事业单位，只取得了部分进展，因此2015年中央启动第三次机关单位和事业单位的整体改革，目前制度转型仍在进行中。

一、两次试点的挫折

改革开放以来养老保险制度改革是由中央的三个职能部门分别负责和牵动的，即民政部负责农村养老保险，劳动部负责企业职工养老保险，人事部负责机关事业单位养老保险。直到2008年，政府机构改革成立了劳动和社会保障部，现在为人力资源和社会保障部，这种情况才有所改变。因此，在很长一段改革时期里，受政绩比较和制度相互联系的影响，农村养老保险制度、企业职工养老保险制度和机关事业单位养老保险制度常常是在相互比较和牵动中推动改革的，这一点在机关事业单位养老保险制度改革中有显著体现。

1991年，国务院正式启动全国范围内的企业职工养老保险制度改革后，人事部根据中央指导精神，在第二年启动了机关事业单位养老保险制度改革。1992年1月27日，《人事部关于机关、事业单位养老保险制度改革有关问题的通知》发布，其中明确要求“机关、事业单位养老保险制度的改革，要贯彻党中央、国务院关于‘按照国家、集体、个人共同合理负担的原则，在城镇各类职工中逐步建立社会养老保险制度’的决定精神，逐步改变退休金实行现收现付、全部由国家承包下来的做法。本着既要保证经济的发展，也要有适当积累的思想，统筹安排养老保险基金。要在总结我国现行干部退休制度的基础上，建立国家统一的、具有中国特色的机关、事业单位社会养老保险制度。”这说明机关事业单位养老保险制度的改革思路同企业职工养老保险制度的改革方向是统一的。文件中还规定“机关、事业单位的养老保险制度改革，政策性强，涉及面广，情况复杂。改革要充分体现机关、事业单位的特点，兼顾财政和个人的承受能力，有利于人员在地区和部门之间的交流。特别要与干部人事制度改革和工资制度改革紧密结合起来，通盘考虑，积极稳妥地进行”。(孙陆军，2009:131）这说明机关事业单位养老保险制度改革的成功需要与干部人事制度和工资制度的改革为基础，就像企业职工劳动合同制的实行与职工养老保险制度改革的关系一样。人事和工资方面规定的变化既给养老保险制度改革提供压力，同时也是后者成功实施的条件。

通知发布后，山东、江苏、云南、福建、山西、辽宁等省份陆续开始了局部试点。截止到1997年，全国地方政府发布机关事业单位养老保险改革文件的有19个省市，开展试点的有27个省市，共有约1000万名机关事业单位员工参加了新的养老保险模式。(吴连霞，2012：79）但此时的养老保险模式并不是明确的统账结合模式，而仅仅是实现了基金的社会统筹。表4-1总结了这一时期各地试点的基本情况。

表4-1　20世纪90年代初全国机关事业单位养老保险部分改革试点情况

试点地区	启动试点时间	试点内容
福建省	1994年1月	《福建省机关事业单位工作人员退休养老保险暂行规定》：在全省范围内，先从合同制工人、自收自支和差额拨款事业单位人员、聘用制干部等员工群体开始实行社会保险，实行国家、单位、个人共同负担，表现为基本养老金、单位补充和个人账户

续表

试点地区	启动试点时间	试点内容
辽宁省	1994 年	首先从省直机关进行合同制工人的养老保险基金统筹。随后沈阳展开了辖区内自收自支事业单位改革试点
黑龙江省	1992 年 10 月	《关于做好机关事业单位养老保险交接工作的通知》：推行合同制，实行退休费用社会统筹
山东省	1994 年	建立合同制，对自收自支事业单位实行退休费用社会统筹
江苏省	1993 年 11 月	《关于省级机关事业单位养老保险制度改革的批复》：建立国家、单位和个人共担的养老保险办法。养老保险制度改革要与干部人事制度改革、工资改革密切结合
上海市	1993 年 10 月	《上海市机关事业单位基本养老保险费统筹暂行办法》：实行机关、事业单位养老保险基金全市统筹

资料来源：张志鸿、陈良，《冲破瓶颈辟坦途——机关事业单位养老保险制度改革扫描》《中国人事》1994 年第 4 期：10-15。

从表中可以看出，各地方试点在养老保险费率、养老待遇、待遇调整机制等方面并未形成统一的制度设计，但他们的共同特征是都只在机关事业单位中的局部，针对特定单位或人群进行了试点。星星点点的试点并未带来全国性的统一改革。1997 年，人事部提交国务院的改革意见中首次明确了“统账结合”的改革目标，将缴费比例定为不超过单位工资总额的 20%，与企业一致，但个人账户按照 11% 的比例做实，同时改革计发办法同企业职工养老保险制度一致，养老金由基础养老金和机关事业单位退休

津贴组成。这一方案实际上并未实行，2000 年 12 月《关于完善城镇社会保障体系的试点方案》发布，国务院叫停了地方的机关事业单位养老保险试点，要求机关和全额拨款事业单位暂行原有退休金制度，进行了试点的地区和单位延续新制度，这标志着机关事业单位养老保险制度首次改革的结束，这次改革中央政府并未提出一个明确文件部署政策试点的开展，由于机关和事业单位在编制上和财政上高度依赖中央政府，因此中央政府及职能部门有能力控制机关事业单位养老保险制度的改革进程和制度转型的趋势。

2000 年后支持机关事业单位养老保险制度的呼声一直没有停止，2006 年有学者指出，机关事业单位养老保险制度改革应当尽早进行，因为伴随时间的推移，现行的现收现付模式的待遇确定方法下，养老金待遇会越来越高，高到政府财政难以负担养老金支出，并与企业职工养老金待遇差距逐渐扩大，将激起社会不满。进而建议中央政府主动推进改革，尽快出台改革方案。(华迎放，2006)2008 年 2 月，国务院发布《事业单位工作人员养老保险制度改革试点方案》，方案决定在山西、上海、浙江、广东、重庆五个省市启动试点，与事业单位分类改革试点配套推进。除这五个试点地区外，其他地区仍执行现行事业单位退休制度。方案还要求劳动保障部、财政部、人事部、中央编办组成试点工作小组，加强对试点工作的协调和指导。这种指导体现为按照《试点方案》制订具体的实施方案，报国务院审批后实施，同时要注意研究试点过程中出现的新情况、新问题，并积极探索解决问题的办法，重要情况及时报告。此次试点方案中对制度设计作出了明确要求，即建立“统账结合”账户，单位缴费比例一般不超过

工资总额的20%，个人缴费为本人缴费工资的8%。这些要求与企业职工养老保险的制度模式是一致的。此外，方案还对加强基本养老保险基金管理，做好养老保险关系转移工作，逐步实行社会化管理服务，提高社会保险管理服务水平等方面进行了具体部署。

中央重启机关事业单位养老保险制度改革试点的动力主要来自三个方面。

（1）建立全国统一畅通的劳动力市场是经济体制市场化改革对社会保障体系提出的客观要求，为了消除劳动力在体制内外、城乡之间流通的制度壁垒，养老保险制度需要实现全国统一的制度设计，实现平稳有序的地域和用人单位间的养老金账户转移接续。从1984年开始，我国机关事业单位就经历了自由化的制度改革，建立了“能上能下、能出能进”的干部管理机制。（姬丽萍，2004）而伴随着经济体制改革和市场经济的发展，很多体制内人员到体制外谋求职业发展，出现了几次“下海”经商的热潮，现实的发展要求制度改革做出回应。此外，工资制度由固定工资向绩效工资制的转型同样要求机关事业单位养老保险制度改革养老金的待遇确定方法。

（2）实现社会公平与平等价值社会保障体系的重要功能。体制内外，及机关事业单位人员和企业职工的福利待遇差距一直是群众关心的重要话题，其中一个引起社会强烈不满的就是，体制内员工在职期间并不用缴纳养老保险基金，公务员和体制内编制人员的退休金远高于企业退休职工的养老金待遇。而在职工工资比较中，机关事业单位员工工资就已经高于企业职工的工资。如表4-2所示，1994年至2008年年间，机关事业单位，尤其是机关单位的工资增长高于企业职工，并在20世纪90年代中期后超过了后者，差距不断拉大。养老金待遇方面，如表4-3所示，20世纪90年代初首次改革时，机关和事业单位的养老金待遇是企业职工养老金待遇的1.21倍和1.14倍，到2005年达到了2.09和1.87倍。

表4-2 1995-2008年间企业、事业和机关单位员工工资差距

年份	1994	1997	2000	2003	2006	2008
企业职工平均工资(元/年)	6737	6322	9189	13578	20555	281165
事业单位员工平均工资(元/年)	—	6867	9634	14564	21259	29251
机关单位员工平均工资(元/年)	5823	6990	10020	15736	23360	33209
事业单位平均工资/企业平均工资	—	1.07	1.05	1.07	1.03	1.04
机关单位平均工资/企业平均工资	0.86	1.11	1.09	1.16	1.14	1.18

资料来源:《中国统计年鉴》(1996-2009)，根据表“分细行业职工平均工资”中数据整理、计算所得到。

表4-3 全国企业、事业、机关单位离退休人数及人均离退休费

年份	1990	1995	2000	2002	2005
企业退休人数(万人)	1845.8	2366	2978	3261.4	3842.4
事业单位退休人数(万人)	293.2	496.2	619.3	661.1	801.9

续表

年份	1990	1995	2000	2002	2005
机关单位退休人数（万人）	131.6	203.3	250.7	273.6	311.9
企业离退休费用支出（亿元）	307.1	915.6	1846.6	2417.2	3280.3
事业单位离退休费用支出（亿元）	55.4	256.2	595.4	818.4	1266.3
机关单位离退休费用支出（亿元）	26.4	114.1	251.6	369.2	561.4
企业人均离退休费（元）	1664	3976	6318	7633	8803
事业单位人均离退休费（元）	1889	5310	9923	12442	16425
机关单位人均离退休费（元）	2006	5783	10020	13759	18410
事业单位人均养老金 / 企业人均养老金	1.14	1.34	1.57	1.63	1.87
机关单位人均养老金 / 企业人均养老金	1.21	1.45	1.59	1.80	2.09

资料来源：《中国劳动统计年鉴2006》：表11-9。

（3）机关事业单位内部的“老龄化”导致了原有现收现付养老保险模式的不可持续。1990年至2005年，企业、事业、机关单位的养老金支出均发生了增长，但2005年较1990年，企业职工养老金支出增长了1.08倍，而事业和机关单位分别增长了21.86倍和20.27倍（由表5-2数据计算所得），如此高的增长率下，机关事业单位养老保险的支付压力巨大，可持续性受到威胁。此外，伴随着事业单位的市场化改革，被划分为政府全额拨款、差额拨款、自收自支三类，后两类事业单位的养老金支出需要自筹，在事业单位难以盈利的情况下，更加无力支付高涨的养老金支出。因此，养老保险模式需要转向共济性更高的，包含基金积累新模式，一方面通过基金共济缓解一些低盈利或亏损单位的养老金支付压力，另一方面为未来的支付压力增长做好准备。

虽然机关事业单位养老保险制度改革受到以上动力的推动，但改革也遭遇了一些阻碍，这反映在三个方面。

(1) 地方政府推动改革的意愿并不强烈。如前所述，机关事业单位养老保险制度改革，并不像城镇职工养老保险制度改革那样能够减轻政府财政支出负担或者充实地方政府的“钱袋子”，或者是显著增加政绩，而只是将养老金支出预算划归入社会保险，如访谈中地方领导所言“把钱挪个窝”，❶相当于只增加了一项行政事务。而在1994年分税制后，中央地方财权事权经历了调整，结果是在改革后十年内中央财政占到全国财政收入的52%，但地方政府却承担了全国70.2%的财政支出。(孔善广，2007) 相应地，地方政府在财源缺乏的条件下承担了大量的国家管理事务，这种情况下地方政府都极力控制财政开支，如果机关事业单位养老保险制度转型后的单位负担的养老保险基金由地方承担，则相当于将这部分钱“锁起来”(鉴于社会保险基金专款专用的规定) 无法用于其他政府支出，则地方政府必然不会主动推动制度改革。因此20世纪90年代中后期的地方上的机关事业单位养老保险改革大都针对不需要地方财政负担的聘用制员工群体进行。根据学者测

❶ 摘自2017年7月28日，某省人社厅下机关事业单位养老保险处处长调研访谈记录。

算，这部分费用庞大，在分税制背景下地方政府难以负担。(吴连霞，2012：83) 此外，机关事业单位养老保险制度改革的成效往往在现任领导不在任后才会显现，出于最大政绩化偏好，地方政府也不愿推动改革。(李正国、黄进，1996) 更重要的是，机关事业单位的养老保险制度改革需要一系列人事、工资制度的改革作为制度基础，各地改革进程不同，地方政府无法步调一致地推行试点。这也使得地方政府希望获得中央政府及职能部门的配套政策支持。

(2) 机关事业单位员工不支持甚至反对所在单位的养老保险制度改革。与城镇职工不同，机关事业单位员工所享受的养老保障并不依靠企业的市场盈利，而是政府的福利保障承诺。因此，即便有些事业单位盈利状况差，其员工也大都不支持通过改革 (如实行社会统筹提高基金共济性) 来解决自身养老保障问题，而是期待上级政府进行财政补贴。此外，如果机关事业单位养老保险制度向城镇职工养老保险制度看齐，无疑会降低机关事业单位员工的养老金待遇。按照《关于基本养老金计发办法改革试点工作的通知》劳险发【1993】275 号和《关于建立统一的城镇企业职工基本养老保险制度的决定》国发【1997】26 号文件中规定的计发办法，养老金替代率 (养老金 / 工资) 约为 40%~60%。而按照《国务院关于安置老弱病残干部的暂行办法。国务院关于工人退休、退职的暂行办法》国发【1978】104 号文件中的规定，机关事业单位员工的养老金替代率普遍在 80% 以上。而在工作阶段，很多机关事业单位人员在职工资又低于企业职工工资，储蓄性养老保障相对低，因此机关事业单位员工普遍不愿意接受养老保险制度改革，即便改革过程中政府总会保障“老人”和“中人”的待

遇，但他们仍然不愿承担改革带来的福利损失风险。2008年12月中旬，作为改革试点之一的广东省就拟定改革方案广泛征求社会意见，结果遭到了教育。医疗等行业事业单位员工的强烈不满，并激发了一波“提前退休潮”，原因在于提早退休可以享受国家对“老人”的待遇政策，即在新制度实行前退出可以按照较高养老金替代率的老办法确定养老金待遇。(汪孝宗、韩文、曾娟，2009) 此外，职业年金制度不规范、缺乏“中人”过渡补偿方案配套资金等制度问题也阻碍了事业单位养老保险制度改革。(卢驰文，2011；桂世勋，2010)

(3) 机关事业单位中的不同类型单位对制度改革的态度也不同，按照市场化到非市场化的标准来划分，机关事业单位的序列是自收自支事业单位—差额拨款事业单位—全额拨款事业单位—机关单位。从劳动力市场化改革刺激社会保障制度改革的逻辑来看，市场化程度高的单位首先完成了人事管理和工资制度上的改革，因此具备了养老保险制度改革的动力和基础，而非市场化的单位则比较抵触改革，若非强力的行政指令和配套政策支持，以及职业年金制度可以补充员工在制度转型后的养老金待遇损失，否则改革很难推行。主要参与者的反应性试点实践的模式如下图所示。

正是以上原因导致2008年启动的第二次机关事业单位养老保险制度改革同样没有发展为全国统一的制度改革方案，因此在2010年左右逐渐停止了试点。

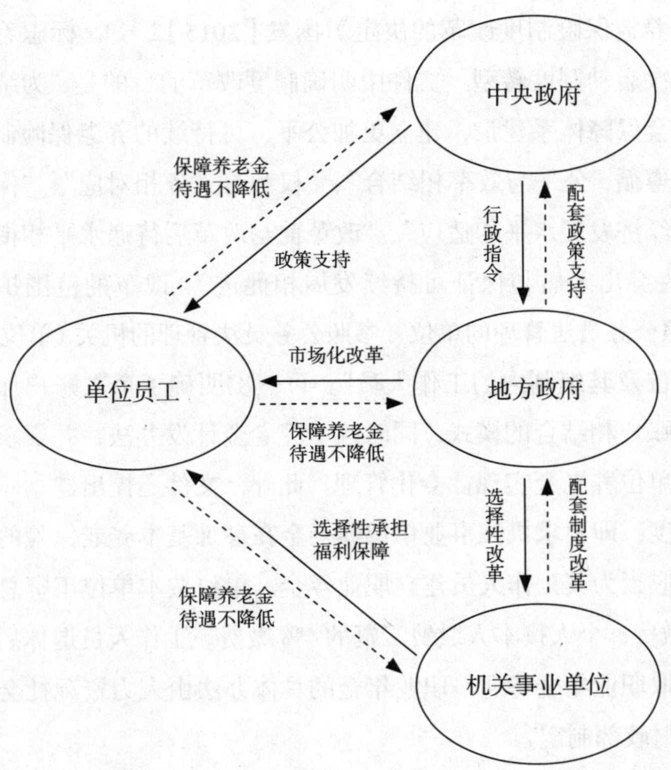

图 4-1　机关事业单位养老保险的反应性试点实践模式

(注：图中实线为行动者间的互动关系；虚线为参与者对其他参与者的期望。)

二、再次试点的进展

2011 年到 2014 年间，国家人事部相继完成了事业单位人事制度和工资制度改革，为机关事业单位养老保险制度改革奠定了制度基础，2015 年 1 月，国务院发布了《关于机关事业单位工作

人员养老保险制度改革的决定》(国发【2015】2号)，标志着中央第三次启动制度转型。文件中明确制度改革的目的是“为统筹城乡社会保障体系建设，建立更加公平、可持续的养老保险制度”。改革遵循“公平与效率相结合”、“权利与义务相对应”、“保障水平与经济发展水平相适应”、“改革前与改革后待遇水平相衔接”、“解决突出矛盾与保证可持续发展相促进”。改革的范围扩大到“按照公务员法管理的单位、参照公务员法管理的机关(单位)、事业单位及其编制内的工作人员”。再一次明确了个人账户加社会统筹账户相结合的模式，同时改革养老金计发办法，并要求机关事业单位养老金实现社会化管理。此外，文件还提出建立职业年金制度，即要求机关事业单位养老金在参加基本养老保险的基础上，应当为其工作人员建立职业年金。单位按本单位工资总额的8%缴费，个人按本人缴费工资的4%缴费。工作人员退休后，按月领取职业年金待遇。职业年金的具体办法由人力资源社会保障部、财政部制定。

文件发布后，各省份抓紧贯彻落实，如四川省委、省政府高度重视，成立了由分管副省长任组长的省改革领导小组，省人力资源社会保障厅等部门密切协作、扎实推进，很快完成了省级统筹制度体系搭建工作。迅速出台了机关事业单位养老保险制度改革政策，财政资金保障体系完成构架，全省统一的业务财务一体化的业务信息系统投入使用。从2016年9月份开始，四川省省市县三级217个社保经办机构全面启动征收和发放工作，成为全国为数不多全面启动实施的省份。四川省的养老并轨改革先进经验和优秀做法，被人社部点名表扬并转发至各省市学习借鉴。(谭红，2021）然而，一些省份在推动改革中还是受到了阻碍，如黑

龙江省，其问题还是在于制度转型缺乏激励，以及相关配套改革如事业单位分类改革、编制实名制等没有及时落实。（王岩松，2019）此外，职业年金制度导致新的待遇不公也威胁到制度并轨的公平和平等的制度改革价值取向。总体来看，与前两次试点相比，此次改革较为顺利，截至2020年，全国省级地区基本完成了制度并轨。

实际上，2015年启动的机关事业单位养老保险制度改革实际上也会受到前期改革的影响，因而呈现出一种层叠式变迁的特征。地方政府在机关事业单位养老保险制度改革过程中，常常需要不断根据中央政府推动改革的指令强度、配套政策的支持程度，以及地方事业单位改革情况来一次次颁布条例和办法来推动制度转型。为了完成政令推进改革，地方政府或职能部门不得不在更容易推动改革的地区和事业单位（如高度市场化的自收自支事业单位）中推行新制度，这就导致了机关事业单位内部改革进程的层叠特征。这是一个改革对象不断扩展，改革政策不断趋向企业职工养老金模式的制度转型过程。以辽宁省养老保险制度为例，2000年辽宁进行以“做实个人账户”为核心的企业职工养老保险制度改革时，同时进行了机关事业单位改革，但其改革并不彻底，表现为改革对象局限于事业单位中市场化较高的单位，基金筹集办法中社会统筹实行“以支定收”，计发办法延续老制度，待遇调整由人事部负责。而2015年推出改革方案时，由于人事制度和工资制度改革都已完毕，加上中央加大了指令强度，改革方案就得以更进一步，完全按照企业职工养老金模式来设定制度转型目标。在这次改革中经历过改革的单位要同未改革的机关单位一同进入新的制度。两次文件对比如表4-4所示。这说明试点的发生对制度变迁的影响和形塑作用是长久的，机关事业单位养老保险制度变迁的层叠式特征正是早期高分权、弱推广的试点影响下形成的。

表4-4　辽宁省机关事业单位养老保险制度改革2003年40号与2015年48号文件对比

官方文件	辽政办发【2003】40号	辽政发【2015】48号
制度改革范围	事业单位中的“差额自理”和“自收自支”单位	机关和事业单位
基金筹集办法	实行市级统筹、统一比例、分级管理；征缴单位有的市实行地税征收，有的实行社保经办机构征收	实行统一预算、分级管理、省级调剂、逐步实现省级统筹。由社保经办机构征收
征缴比例和账户设置	设置个人账户，个人按基本工资8%缴费，单位缴费比例按照“以支定收，略有结余”的原则确定	设置个人账户，个人按本人缴费工资8%缴费，单位按照缴费工资基数的20%缴费
养老金计发办法	基本养老金按照国家规定的事业单位离退休人员基本工资的计发比例计发，加上个人账户养老金	老人老办法，待遇不变；中人进行过渡性补贴，保低限高；新人新办法，按照退休时当地在岗职工月平均工资等指数确定基础养老金，再加上个人账户养老金
养老金待遇调整机制	基本养老待遇由人事部门负责审批	基本养老金调整办法由省人社厅、省财政厅按照国家政策组织实施

三、试点的溢出效应：配套制度改革

回顾机关事业单位养老保险制度的变迁历程，20世纪90年代中期后，制度改革的目标就十分明确，即建立“统账结合”养老保险模式，实现与企业职工养老保险制度的并轨。但在地方自发试点时期中央并未提出具体的制度过渡方案，并在地方制度出现碎片化倾向时叫停了试点。直到2008年，事业单位养老保险制度改革，转型方案就是一步到位实现了统账结合模式，在具体制度设计上与企业职工养老保险制度一致。在具体制度设计决策归属权方面，中央政府及职能部门在后两次启动试点时均根据企业职工养老保险制度制定了明确的制度设计方案，允许地方自行规定的空间很小。但在具体执行中地方政府及职能部门根据自身情况对制度做了调整，这与中央职能部门的督导程度相关，2015年改革时中央要求地方成立改革领导小组，协调各个部门协同推进制度改革，这在此前的改革试点中并未出现，是制度改革顺利实现的一个必要条件。可以说，机关事业单位养老保险制度始终在单一的中央试点方案下推进，中央政府根据企业职工的养老保险模式确立了机关事业单位养老保险的转型制度目标，在具体制度设计的决策归属权属于中央，但在中央职能部门督导方面三次试点呈现出逐渐增强的趋势。

在推广效度上，机关事业单位养老保险的试点呈现出明显的逐地、逐步、逐个层次推进的特征。2008年中央政府启动的试点只针对事业单位，并且首先在五个省市展开，2015年启动的试点

则纳入了机关单位，同时在全国范围内推动制度转型。在试点对象的试点实现程度方面，整个改革历程经历了“自收自支事业单位（合同工）——差额拨款事业单位——全额拨款事业单位——机关单位”的扩展顺序，而这一发展序列在各地也并不同步统一。

综合来看，尤其后两次机关事业单位养老保险制度改革的试点体现出高分权、弱推广的特征，因此出现了有限制度层叠的情况，有限体现为地区间、机关单位与事业单位、不同类型事业单位间的差异。制度层叠是指在人事制度和工资制度做出相应调整的单位和地区养老保险实现了并轨，而在其他单位和地区则没有。这也就发生了为了实现养老保险制度改革而加速实现了人事制度和工资制度改革，实际上为后者提供了制度变迁的动力，可以称之为试点的一种溢出效应，即推动配套制度改革。如第一章所谈到的，社会保障制度的改革都是以经济制度，特别是雇佣或人事制度的变化为基础的，同农村养老保险制度改革和企业职工养老保险制度改革相比，机关事业单位养老保险制度改革的问题就在于，早期试点时人事和工资制度的滞后，不像企业职工养老保险制度改革是以雇佣制度和工资制度的改变为前提，因而获得了足够的动力和制度基础，反观机关事业单位养老保险却出现了倒逼基础制度改革的情况。

层叠式的制度变迁不仅是一种路径特征，同时还是一个成本叠加的过程。地方政府每次新的改革文件出台，都要承担既有成本。养老保险制度改革的一个重要特征就是在转型中尽量保障“老人”和“中人”的权益，实际上，只有在不触动既有利益相关群体权益的基础上，改革才能够顺利推行。尤其对于机关事业单位来说，改革制定和执行者本身（人事和劳动部门官员）就是利益

相关群体，对地方人事和劳动部门来说，他们的改革会直接触动到自身和同政府内所有领导和员工的切身利益。在这种情况下，改革得以推动的前提就要首先保障既有制度下的利益分配设计，也就是要保证原试点下政府给予机关事业单位员工的福利承诺。而当上级部门（省、市）集中财权、事权来推动改革时，面对下级部门（市、县）的多个福利承诺时，总是需要在最高的福利承诺基础上制定转型政策，开展新的试点。这就导致了制度改革中的成本叠加现象。

第五章　结论

为了完成本研究，笔者曾在2017年到地方进行实地调研，调研中访谈对象口中会经常出现一个词，那就是"顶层设计"。这从侧面反映出中国的制度改革已经进入到全面深化阶段，这一阶段客观上特别需要政府的总体布局和整体规划，中央政府已经对此进行强调，并在多个政策领域致力于构建和完善全国统一制度。那么如何才能运用好顶层设计来推动制度顺利转型呢？如何运用基层探索和顶层设计的有机互动来实现全国建制呢？为了使政策建议更有说服力、更具长久的借鉴意义，就必须将历史经验总结为既来源于实际，同时又逻辑一致的抽象理论。

一、试点与制度变迁关系的一般结论

本书第二章中提到，有关中国试点的研究都强调"央地分权"和"渐进主义"对中国顺利实现制度转型的积极影响。然而不同的试点在分权程度和推广效度上存在差异，本文以此为标准对试点进行分类，并从渐进式制度变迁理论的角度，提出了试点的一个分类方法，即制造制度漂移型（高分权、强推广）、主导制度替代/纠偏型（低分权、强推广）、导致制度碎片化型（高分权、弱推广）和有限制度层叠型（低分权、弱推广）。在实证研究部分，本书以改革开放以来中国养老保险制度改革的历程为例，分别阐释了四种试点类型下的制度变迁现象。

试点类型影响制度变迁的作用机制是"反应性试点实践"。反应性试点实践是本研究提出的一个新概念，它指政策执行者、政策对象以及其他相关参与者在中央政府的试点方案下形成的行为实践，它包含行动者间的互动模式与行动者对制度改革的态度和期望两个方面。高分权下会形成反应性试点实践的差异化积累，即在试点期同时存在参与者不同或互动方式不同的实践模式，不同参与者对制度改革的态度和期望不同；强推广下形成整合式积累，及改革具有全面的政治基础。反之，低分权下形成统一式积累，互动模式单一，对改革的态度和期望一致；弱推广下会形成碎片化积累，即只有一部分地区或改革对象的一部分参与了试点，导致改革的政治基础不足。

在农村养老保险制度变迁中，改革经历了老农保和新农保两个时期。"老农保"的试点是导致制度碎片化型，试点区域为有条件地区自主自愿推动，试点过程中制度设计也由地方自行定立，导致地方出现了不同模式的反应性试点实践，也就出现了不同的改革预期，缺乏足够的改革联盟的支持，也无法形成统一方案，最终试点夭折。而"新农保"下，中央投入大量财政资源和行政资源，并在试点过程中运用领导小组等形式加强了自上而下的督导，在农村的富裕和贫困地区均推行顺利，保证了反应性试点实践在全国范围内同步、统一地进行积累和发展，最终促成统一的制度设计方案在全国的实现。它的试点类型是主导制度替代型，新农保于2014年与城镇居民养老保险合并为城乡居民养老保险制度，是目前养老保险制度体系中运行最好的亚制度。农村养老保险制度变迁也展示了在社会经济条件差异化的背景下，试点既可以是“放大镜”也可以是“矫正器”。

城镇企业职工养老保险制度变迁中也发生了多次试点。80年代初期开始的试点是制造制度漂移型，此时制度变迁在政治逻辑和经济逻辑的双重机制推动下发展，两种逻辑形成了不同模式的反应性试点实践，并指向不同的养老保险制度模式，虽然如此，但无论是哪种逻辑下改革都具备了充足的群众基础和改革联盟，中央启动了全国改革，并随后提出了“统账结合”的顶层制度设计，政治逻辑倾向完全的社会统筹账户，经济逻辑倾向完全的个人账户逻辑，在其后的改革中两种逻辑导致了制度碎片化倾向和显著的路径分歧，地方执行统一方案出现差异，也就是制度漂移现象出现。为了实现顶层设计，完成全国统一建制，中央在1997年后又进行两次试点，旨在统一和完善制度，此时的试点类型是主导制度纠偏型，中央加强督导，通过财政支持克服制度扭曲，纠正与中央方案不相符的试点实践，逐渐收拢路径分歧，在试点中弥合差异，最终实现了全国制度的统一。企业职工养老保险制度变迁生动展示了试点作为“放大镜”和“矫正器”而发挥作用的过程。

机关事业单位养老保险制度变迁中共有三次试点期，首次试点为导致制度碎片化型，最终未能实现全国建制。2008年第二次试点启动时，中央明确了机关事业单位养老保险与企业职工养老保险并轨的改革目标，同时加强了督导程度，试点呈现低分权、弱推广的特征，导致制度变迁呈现有限制度层叠的特征，即新制度只能在部分地区和部分单位中实行，而无法得到广泛的推广，这样的过程虽然反应性试点实践的模式是统一的，但还缺乏足够的改革联盟的支持，因此改革政策常常以“补丁式”的特征出现，这也导致了制度成本的不断叠加。2015年中央启动第三次改革时弱推广变为强推广，一个重要原因是相应的配套制度改革，如事业单位分类改革、事业单位实名制改革、机关事业单位工资改革等也得到同步推进，这就为机关事业单位养老保险制度改革提供了必要的制度基础。目前，机关事业单位养老保险制度并轨已经基本完成，这一过程这也反映出试点在制度变迁中的一种溢出效应，即推动配套制度改革。

本书对试点和制度变迁的理论总结与发展，以及通过我国改革开放以来养老保险制度变迁历程的历史回溯，说明了分权程度和推广效度是试点的重要属性，两者会呈现不同，以此为标准进行的类型划分，分别指向不同的制度变迁过程，试点作为一个政策工具，不仅在政策过程中发挥试点、探索、测试和示范的作用，同时在制度改革中对变迁路径特征也具有塑造作用，并决定着全国统一建制的实现。

二、运用试点实现顶层设计与统一建制的经验

2010年10月，党的十七届五中全会上提出“更加重视改革顶层设计和总体规划”，这是中央首次提出“顶层设计”概念。此后，学界围绕顶层设计进行了大量研究。（周志忍、徐艳晴，2017）顶

层设计强调中央对改革的系统筹划和全国性制度规范的构建和完善。与改革开放之初不同，进入21世纪后，特别是最近十年，中央政府统一筹划和督导推进成为了制度改革的一个鲜明特征，涉及多个政策领域。比如本文所举的案例养老保险制度改革。(郑功成，2013）同时，中央也强调顶层设计和基层探索的良性互动和有机结合。基层探索是改革启动的源头，也是制度改革早期最重要的动力。在全面深化改革阶段，基层探索仍常常扮演改革动议起点、方案来源和方向指南。但在强调顶层设计和总体规划背景下，基层探索具有明显的规划性特征(杨雪冬，2014)。从地方试点来看，早期的试点在中央分权程度上明显高于后期，本文案例也说明了这一点，各养老保险制度的早期改革都是在高分权程度下推进的，而后期在深化改革阶段中央的规划和督导明显加强。从制度变迁的角度来看，一项新制度的运行原则和设计结构在中央的确立、合法化及推动执行，可以说是这项制度改革的“顶层设计”部分，而在运用顶层设计到实现制度转型之间，最重要的环节就是试点，它不仅为中央提供政策设计的备选方案，同时检验制度设计的有效性和可推广性。如本书研究所揭示的，试点的类型、反应性试点实践的模式与积累情况，都是影响制度变迁路径特征的重要因素。从改革开放以来养老保险制度改革历程来看，可以发现，实现顶层设计与试点有机结合，从而推动制度改革成功需要以下条件。

首先，试点与顶层设计的协同需要资源投入和组织基础作为保障。本书研究表明，在四种试点类型中，较快实现全国制度建构并运行平稳的是低分权程度、强推广效度的主导制度替代 / 纠偏型试点，因为在试点期中反应性试点实践的积累呈现出整合、统一的特征，意味着各地改革同步且形成了相同行动者和类似的互动模式、改革期望，进而制度改革推行快，运行较好。而这一试点类型的形成有赖于中央政府投入足够资源，同时保证中央的有效督导，在案例中具体表现为财政补贴和领导小组、巡视督导组等形式，这也是中央承担转制成本和制度转型责任的体现。制度变迁过程中，旧制度和新制度的衔接段往往是制度摩擦最强烈、制度走向最开放、不确定性最高的时刻，而资源投入和组织基础的作用恰恰在于削弱地方差异性导致的现阶段的制度碎片化倾向，形成制度变迁朝向预期方向的向心力。如果地方差异性没有被控制和弥合，那么如案例分析中揭示的那样，地方实践过程中会形成不同的行动者及其互动模式，各行动者对改革的态度和制度设计的期望也不同，此时中央政府就难以进行有效可行的顶层设计来推动和构建全国统一制度，即便制度在漫长高成本的摩擦中形成了统一制度，制度运行也会出现问题，即呈现明显碎片化特征，甚至出现制度扭曲现象。

其次，为了实现顶层设计，试点的推动“时机”也很重要。在本书讨论的案例中，面对制度改革的转型障碍和运行难题，企业职工和机关事业单位养老保险制度在深化改革阶段均出现了试点的集权和加大推行力度的改革，但并未从根本上改善制度转型和运行问题。其原因在于，早期的试点过程中，差异性的反应性试点实践模式已经存在，并随着时间推移产生了路径依赖，一方面这些不同模式产生和运行的动力根植于地方的个性条件；另一方面随着行动者的增多、行动习惯和经济成本的累积，导致这些模式很难纠正和逆转。例如企业职工养老保险制度改革中，制度变迁长期沿着经济和政治两条动力逻辑发展，虽然在一定时期内解决了地方治理难题，但中央试图深化改革，构建和完善统一制度时，就遭遇了很大的抵制和障碍，即便中央掌握了大量资源和组织保障，但此时需要投入的资源远远超过了制度转型初期的情况。再如机关事业单位养老保险改革中，制度改革的推进具有逐渐扩大改革范围的特征，导致改革过程中"补丁式"政策的反复出现，并不断承担叠加的成本。因此，如果议程任务是构建全国统一的制度模式，那么中央政府就需要在地方差异导致制度碎片化前就启动低分权程度、强推广效度的试点，即主导制度替代或主导制度纠偏型的试点，保证制度转型的迅速完成和统一制度的顺畅运行，利用试点推动顶层设计的实现。

三、研究不足与前景展望

如导论中所说，本书的研究及写作过程犹如一套包含选料、取材、设计到修建等工序的房屋建筑过程，至此就是到了房屋验收的阶段。虽然在建造过程中极尽心力，但我也愈加感觉到它的不足和遗憾之处，必须在此进行说明。本书的研究对象是改革开放以来我国养老保险制度变迁中的试点，尝试解答的问题是试点与制度变迁的关系，以及试点型塑制度变迁的机制与过程。本书研究的结论是，根据分权程度和推广效度，可以将试点划分为四种类型，它们分别对制度变迁产生不同影响，型塑制度变迁不同路径特征，即主导制度替代 / 纠偏型、制造制度漂移型、有限制度层叠型和导致制度碎片化型。试点通过反应性试点实践对制度变迁施加影响，在地方社会经济差异背景下，不同分权程度导致不同的改革参与者互动模式和改革预期，不同推广效度导致改革不同的群众基础和改革联盟，最终影响制度变迁的走向与成败。本研究具有以下不足。

首先，在处理历史材料与理论构建的张力上有待成熟。好的理论框架犹如边沿精致且清晰的相框，历史则像蔓延无际的丰富图景。如何用这个相框框住历史大画中最基本的事实和最显著的脉络，本研究在操作过程中时刻经受着这种考验。比如，虽然本研究中对养老保险制度改革中各亚制度中的试点做了分类，但同一类型下的试点实际上也存在差别，如本研究中将农村养老保险制度改革中“老农保”时期的试点，同机关事业单位养老保险制度改革中的首次试点都归为“高分权、弱推广”的试点类型，但回到历史本身，比较相关文件会发现两者在分权程度和推广效度仍然是存在差别的，因此它们对制度变迁的影响也无法是一模一样的，而只能是相对其他类型来说的趋近。这种趋近类似于统计论证逻辑中的“聚类”，也能够指向相关性，可以为理论提供支持。但如果以认识和理解这段具体历史来说，这种思维则是毫无意义且造成干扰的。不过，对历史的理解不能不依靠比较，而比较就会对历史因素进行“聚类”，这似乎是无法彻底解决的难题。其次，本书的研究结论也受到挑战。本研究的案例选择虽然适应了比较案例的要求，但在政策领域上存在明显局限。养老保险制度变迁属于社会保障改革领域，那么其他如经济体制改革、政治体制改革、财政体制改革等其他政策领域中，本文的理论框架还是否适用，需要做哪些修正？这都是下一步研究需要解答的问题。再次，地方需求和国家能力是本研究同样涉及的两个结构性背景，它们对试点、政策变迁的影响并没有进行理论总结，它们如何影响试点的类型，回答这个问题也有助于回答如何更好地结合顶层设计和基层探索来推动制度成功转型。

改革开放以来，中国的制度改革经历了40余年的漫长历程，解释中国制度转型的特征，阐释中国体制的运行模式，指导中国的政策与改革实践，既是国内外学界的热议话题，也是政府关心的问题。本书从政策过程与制度研究的理论路径出发，选择试点与制度变迁为研究对象，希望对以上话题的讨论和研究有所助益。限于能力，本研究在理论建构、方法运用和写作中存在诸多不足，但具有进一步拓展研究的巨大空间，希望本研究能为未来的理论发展提供丰富枝节。

参考文献

[1]杜峻晓，杨彦. 低水平起步，能保尽保：有政府补贴，农民欢迎——宝鸡市农民养老不再难[N]. 人民日报，2008-12-7.

[2]蔡昉. 中国劳动与社会保障体制改革30年研究[M]. 北京：经济管理出版社，2008.

[3]蔡向东. 统账结合的中国城镇职工基本养老保险制度可持续研究[M]. 北京：经济科学出版社，2011.

[4]曹信邦. 新型农村社会养老保险制度构建——基于政府责任的视角[M]. 北京：经济科学出版社，2012.

[5]陈良. 我言秋日胜春潮——黑龙江省机关事业社会保险工作掠影[J]. 中国人事，1995(11): 10-11.

[6]陈宇，闫倩倩. "中国式"政策试点结果差异的影响因素研究——基于30个案例的多值定性比较分析[J]. 北京社会科学，2019(6): 42-52.

[7]董克用. 中国经济改革30年(社会保障卷)[M]. 重庆：重庆大学出版社，2008.

[8]杜鹏，王武林. 论人口老龄化程度城乡差异的转变[J]. 人口

研究，2010(2)：3-10.

[9]冯维，王雄军. 福利国家的理论源流及对中国福利体系建设的启示[J]. 治理研究，2018(3)：90-97.

[10]高书生. 社会保障改革何去何从[M]. 北京：中国人民大学出版社，2006.

[11]桂世勋. 改革我国事业单位职工养老保险制度的思考[J]. 华东师范大学学报：哲学社会科学版，2010(3)：71-75.

[12]国务院政策研究室课题组. 中国社会保险制度改革[M]. 北京：中国社会科学文献出版社，1993.

[13]国家体改委国外经济体制司，分配体制司. 弗里德曼教授等外国专家对我国社会保险制度改革的几点意见[J]. 中国劳动，1989(7)：41-41.

[14]国家计委社会发展研究所课题组. 目前我国养老保险存在的问题及对策[J]. 新东方，1997(1)：61-67.

[15]关于将宝鸡市列为全国推行新型农村社会养老保险试点城市的建议[J]. 大陆桥视野，2009(4)：45.

[16]华迎放. 对事业单位养老保险制度改革的思考[J]. 中国社会保障，2006(11)：35-36.

[17]黄海. 从山东模式看我国农村社会养老阿伯先模式的选择[J]. 学习与实践，2008(12)：134-139.

[18]惠恩才. 我国农村社会养老保险基金管理与运营研究[J]. 农业经济问题，2011(7)：23-30.

[19]姬丽萍. 邓小平对新时期干部人事制度改革的贡献[J]. 南方论丛，2004(3).

[20]罗沙，崔静. 建立和完善失地农民社会保障体系[N]. 农民

日报，2011-3-10.

［21］姜爱林. 论事业单位养老制度改革的基本状况、制约因素与破解对策［J］. 宁夏社会科学，2010(3)：75-80.

［22］姜向群. 老年社会保障制度——历史与变革［M］. 北京：中国人民大学出版社，2005.

［23］金维刚. 中国社会保障70年［M］. 北京：经济科学出版社，2019.

［24］孔善广. 分税制后地方政府财事权非对称性及约束激励机制的变化研究［J］. 经济社会体制比较，2007(1)：36-42.

［25］劳动部课题组. 中国社会保障体系的建立与完善［M］. 北京：中国经济出版社，1996.

［26］雷洁琼. 中国社会保障体系的构建［M］. 太原：陕西人民出版社，1999.

［27］李连芬. 我国基本养老保险全国统筹问题研究——基于制度变迁的研究视角［M］. 北京：经济日报出版社，2015.

［28］李雪增. 中国养老保险体制转型的动态经济效应研究：基于资本积累的分析视角［M］. 北京：对外经济贸易大学出版社，2012.

［29］李振. 中欧试点式治理模式比较［J］. 国外社会科学，2014(5)：27-35.

［30］李正国，黄进. 政府养老，请您投保——关于机关事业单位养老保险改革的热门话题［J］. 中国公务员，199(5)：10-11.

［31］李志明. 中国城镇企业职工养老保险制度的历时性研究［M］. 北京：知识产权出版社，2015.

［32］李智超. 政策试点推广的多重逻辑——基于我国智慧城市

试点的分析［J］. 公共管理学报，2019(3)：145-156.

［33］林义. 退休费用社会统筹问题研究［J］. 华东师范大学学报：哲学社会科学版，1994(2)：13-18.

［34］刘昌平，殷宝明，谢婷. 中国新型农村养老保险制度研究［M］. 北京：中国社会科学出版社，2010.

［35］刘昌平. 新型农村社会养老保险制度模式分析——以六个典型试点地区为例［J］. 社会保障问题，2009(9)：58-69.

［36］刘从龙. 农村社会养老保险政策研究［D］. 北京：北京大学社会学系硕士学位论文，1992.

［37］刘贯学. 新中国劳动保障史话（1949-2003）［M］. 北京：中国统计出版社，2004.

［38］刘培伟. 基于中央选择性控制的试点——中国改革“实践”机制的一种新解释［J］. 开放时代，2010(4)：59-81.

［39］刘书鹤. 我对农村社会养老保险的看法及建议［J］. 社会学研究，1997(4)：61-63.

［40］刘然. 并非只为试点：重新审视试点的功能与价值［J］. 中国行政管理，2000(12)：21-26.

［41］刘伟. 政策试点：发生机制与内在逻辑——基于我国公共部门绩效管理政策的案例研究［J］. 中国行政管理，2015(5)：113-119.

［42］刘文华. 最新劳动人事政策法律法规汇编(1)［M］. 北京：中国人事出版社，2001.

［43］卢驰文. 机关事业单位养老保险改革的制约因素与策略选择［J］. 理论探索，2011(5)：87-90.

［44］卢海元. 和谐社会的基石——中国特色新型养老保险制度

研究［M］. 北京：群众出版社，2009.

［45］吕连霞，吕学静. 新老农保制度成败原因之对比［J］. 社会保障研究，2012(2): 86-91.

［46］吕秉权. 基本养老金计发办法改革喜结硕果［J］. 中国社会保险，1994(3): 39-40.

［47］鲁全. 转型期中国养老保险制度改革中的中央与地方关系研究——以东北三省养老保险改革试点为例［M］. 北京：中国劳动社会保障出版社，2011.

［48］马杰，郑秉文. 计划经济条件下新中国社会保障制度的再评价［J］. 马克思主义研究，2005(1): 38-48.

［49］马冰. 退休费用统筹工作座谈会在青岛举行［J］. 中国劳动科学，1987(5): 49.

［50］梅赐琪，汪笑男，廖露，刘志林. 政策试点的特征：基于《人民日报》1992-2003年试点报道的研究［J］. 公共行政评论，2015(3): 8-24.

［51］孟连崑. 劳动和社会保障工作理论与实践探索［M］. 北京：华龄出版社，2004.

［52］宁骚. 政策试点中的制度因素——中西比较的视角［J］. 北京行政学院学报，2014(2): 27-33.

［53］裴世安. 关于改革退休养老金制度的思考［J］. 经济与管理研究，1986(5): 36-38.

［54］彭希哲，梁鸿. 乡镇企业与苏南农村社会保障［J］. 上海金融，1996(6): 31-32.

［55］潘忠弟. 论退休基金的社会统筹［J］. 浙江经济，1986(2): 13-16.

[56] 屈祖荫. 中国职工社会保险实用手册[M]. 沈阳：辽宁人民出版社，1992.

[57] 邵雷，陈向东. 中国社会保障制度改革[M]. 北京：经济管理出版社，1991.

[58] 盛和泰. 养老保险“碎片化”的成因分析与应对策略[J]. 保险研究，2011(5): 32-35.

[59] 孙陆军. 中国涉老政策文件汇编[M]. 北京：中国社会出版社，2009.

[60] 佘建明. 中国社会保障全书[M]. 北京：中国计划出版社，1998.

[61] 李静，陕西省宝鸡政府发放补贴实现新农保全覆盖[J]. 新华社 · 瞭望东方周刊，2009-11- 25.

[62] 谭红. 硕士论文：四川机关事业单位养老保险并轨实施问题及对策研究[D]. 电子科技大学，2021.

[63] 唐斌. 习近平改革试点思维的实践智慧与认识理路论析[J]. 学习论坛，2019(4): 12-19.

[64] 唐斌. 示范引领、压力应激与环境适应：农村政策试点动因的扎根理论分析[J]. 社会科学，2018(7): 19-31.

[65] 唐斌，张玉. 农村治理政策试点的理论逻辑与实践机制[J]. 学术探索，2017(11): 65-71.

[66] 庹国柱，和蓉. 我国现行农村社会养老保险评析[J]. 北京经济瞭望：北京财贸学院学报，1994(5): 1-8.

[67] 汪海波. 中国国有企业改革的实践进程 (1979-2003)[J]. 当代中国史研究，2005(6): 106-107.

[68] 汪孝宗，韩文，曾娟. 广东：掀起“提前退休潮”[J]. 中国

经济周刊，2009(41)：8-12.
［69］王成程. 博士论文：农村社会养老保险制度变迁中中央、地方与农民的多元互动——以山东省即墨市为例［D］. 南开大学，2013.
［70］王浦劬，赖先进. 中国公共政策扩散的模式与机制分析［J］. 北京大学学报：哲学社会科学版，2013(6)：14-23.
［71］王绍光. 学习机制与适应能力：中国农村合作医疗体制的变迁的启示［J］. 中国社会科学，2008(6)：111-133.
［72］王以才，张补. 农村社会养老保险［M］. 北京：中国社会出版社，1996.
［73］王永钦，张晏，章元，陈钊，陆铭. 中国的大国发展道路——论分权式改革的得失［J］. 经济研究，2007(1)：4-16.
［74］王章华. 博士论文：中国新型农村社会养老保险制度研究［D］. 华东师范大学，2011.
［75］王岩松. 硕士论文：双轨制背景下黑龙江省机关事业单位养老保险制度改革研究［D］. 哈尔滨工业大学，2019.
［76］吴红梅. 整体性治理视野下中国社会养老保险政策“碎片化”的体制逻辑［J］. 社会保障研究，2013(5)：46-54.
［77］吴连霞. 中国养老保险制度变迁机制研究［M］. 北京：中国社会科学出版社，2012.
［78］吴怡频，陆简. 政策试点的结果差异研究——基于2000年至2012年中央推动型试点的实证分析［J］. 公共管理学报，2018(1)：58-70.
［79］吴素萍. 养老金改革的分析框架与路径选择——周小川有关论述汇编［M］. 北京：中国金融出版社，2020.

[80] 奚从清，鲁志根，胡振产. 21世纪中国农村社会养老保险制度之探索[J]. 社会学研究. 1996(1): 105-111.

[81] 贺勇，马跃峰. 面对我国历史上首次以国家保障制度推出的农民养老保险新政，作为直接受益者的农民，对新农保的态度怎样？他们对新农保有哪些期待？日前，记者到内蒙古、山东农村进行走访——新农保，如何让农民感受更多温暖[N]. 人民日报，2010-1-17.

[82] 新农保：我国农村养老保险事业发展的新起航[N]. 中国劳动保障报，2009-6-26.

[83] 徐湘林. "摸着石头过河"与中国渐进政治改革的政策选择[J]. 天津社会科学，2002(3): 42-45.

[84] 薛兴利，史建民，靳相木. 农村社会养老保险制度的实证分析与政策建议——山东农村社会养老保险制度的调查[J]. 中国农村观察. 1997(2): 49-53.

[85] 薛在兴. 论我国基本养老金空账的成因及填补[J]. 社会保障问题研究（2005），2006: 79-92.

[86] 熊晓峰. 南昌市社会保险事业蓬勃发展[J]. 中国劳动科学，1992(11): 4-7.

[87] 杨刚. 博士论文：农村养老资源的制度性建构——沿海两地三村养老保障制度实证研究[D], 2002.

[88] 杨良初. 上海、湖北襄樊、浙江宁波三市养老保险改革情况的调查报告[J]. 经济研究参考，1998(11): 26-30.

[89] 杨瑞龙. 我国制度变迁方式转换的三阶段论——兼论地方政府的制度创新行为. 经济研究[J], 1998(1): 3-10.

[90] 杨雪冬. 顶层设计与基层创新的4.0版[N]. 中国青年报，

2014-12-15.

[91] 杨宜勇，辛小柏．全国统一的社会保险关系转续办法的研究［J］．研究探索，2009(2)：17-20.

[92] 杨宏山．双轨制政策试点：政策创新的中国经验［J］．中国行政管理，2013(6)：12-15.

[93] 姚峰．农村养老保险步履维艰——来自青浦县的报告［J］．上海人大月刊，1995(11)：18-19.

[94] 于秀芝．关于改革全民企业职工退休费计算方法的探讨［J］．中国劳动，1989(1)：47.

[95] 郁建兴．从发展型政府到公共服务型政府——以浙江省为个案［J］．马克思主义与现实，2004(5)：65-74.

[96] 袁志刚．养老保险经济学：解读中国面临的挑战［M］．上海：上海人民出版社，2005.

[97] 岳经纶，赵慧．我国社会保障制度地域化的发展及其制约——以东莞市社会养老保险一体化改革为例［J］．公共管理研究，2011(9)：39-53.

[98] 岳经纶．社会政策与社会中国［M］．北京：社会科学文献出版社，2014.

[99] 白天亮．过去6年间，我国企业退休人员养老金实现"六连涨"，从2005年底的700元提高到2010年的1300多元，接近翻一番——养老金，"六连涨"后怎么涨［N］．人民日报，2010-3-4.

[100] 张华初，吴钟健．新型农村社会养老保障财政投入分析［J］．经济评论，2013(2)：51-57.

[101] 张志鸿，陈良．冲破瓶颈辟坦途——机关事业单位养老保

险制度改革扫描［J］. 中国人事，1994(4)：14-15.

［102］郑秉文. 中国养老金发展报告2014——向名义账户制转型［M］. 北京：经济管理出版社，2014.

［103］郑秉文. 中国社会保险的“碎片化制度”危害与“碎片化”冲动根源［J］. 甘肃社会科学，2009(3)：50-58.

［104］郑秉文. 中国养老金发展报告2016［M］. 北京：经济管理出版社，2016.

［105］郑秉文. 社保改革“智利模式”25年的发展历程回眸. 拉丁美洲研究，2006(5)：3-15.

［106］郑秉文. 对中国城镇职工基本养老保险现状的反思——半数省份收不抵支的本质、成因与对策［J］. 上海大学学报：社会科学版，2012(3)：1-16.

［107］郑功成. 中国社会保障改革与发展战略（养老保险卷）［M］. 北京：人民出版社，2011.

［108］郑功成. 深化中国养老保险制度改革顶层设计［J］. 教学与研究，2013(12)：12-22.

［109］郑功成. 从地区分割到全国统筹——中国职工基本养老保险制度深化改革的必由之路［J］. 中国人民大学学报，2015(3)：2-11.

［110］郑伟. 中国养老保险制度变迁与经济效应［M］. 北京：北京大学出版社，2005.

［111］郑文换. 理解政策过程——中国农村社会养老保险政策试点模式研究［M］. 北京：社会科学文献出版社，2015.

［112］中国社会科学院《农村社会保障制度研究》课题组. 积极稳妥地推进农村社会养老保险［J］. 人民论坛，2000(6)：

8-10.

[113] 周光复，袁政，夏志红，藤纯武. 股份合作制与农村养老探析：来自广东的考察报告[J]. 市场与人口分析，2000(1)：63-66.

[114] 周黎安. 中国地方官员的晋升锦标赛模式研究[J]. 经济研究，2007(7)：36-50.

[115] 周望. 中国"政策试点"研究[M]. 天津：天津人民出版社，2013.

[116] 周望."政策试点"的衍生效应与优化策略[J]. 行政科学论坛，2015(2)：24-29.

[117] 周业安. 中国渐进式改革路径与绩效研究的批判性回顾[J]. 中国人民大学学报，2000(4)：26-31.

[118] 周志忍，徐艳晴. 全面理解顶层设计：一个整合诠释框架[J]. 行政论坛，2017(4)：118-122.

[119] 朱冬梅. 中国企业基本养老保险改革与实践[M]. 济南：山东人民出版社，2006.

[120] 朱家甄. 中国社会保险工作全书[M]. 北京：中国统计出版社，1995.

[121] 赵慧. 政策试点的试点机制：情境与策略[J]. 中国行政管理，2019(1)：73-79.

[122] 中国经济体制改革研究会. 见证重大改革决策——改革亲历者口述历史[M]. 北京：社会科学文献出版社，2020.

[123] 朱家甄，张塞. 中国社会保险工作全书[M]. 北京：中国统计出版社，1995.

[124] 全国人大常委会法制功过委员会审定. 中华人民共和国

法律法规全书（第4卷）[M]. 北京：中国民主法制出版社，1994.

[125] 严忠勤. 当代中国的职工工资福利和社会保险[M]. 北京：中国社会科学出版社，1987.

[126] 中共中央文献研究室. 改革开放三十年重要文献选编（上）[M]. 北京：中央文献出版社，2008.

[127] 中共中央文献研究室. 建国以来重要文献选编：第二册[M]. 北京：中央文献出版社，2011.

[128] 中共中央文献研究室. 建国以来重要文献选编：第十一册[M]. 北京：中央文献出版社，2011.

[129] 中共中央文献研究室. 十二大以来重要文献选编（下）[M]. 北京：人民出版社，1988.

[130] 中共中央文献研究室. 十四大以来重要文献选编（上）[M]. 北京：人民出版社，1996.

[131] 中共中央文献研究室. 十四大以来重要文献选编（中）[M]. 北京：人民出版社，1997.

[132] 中共中央文献研究室. 十四大以来重要文献选编（下）[M]. 北京：中央文献出版社，2011.

[133]《中国工会重要文件选编》编辑组. 中国工会重要文件选编[M]. 北京：机械工业出版社，1990.

[134] 全国老龄工作委员会办公室. 中国老龄法律法规文件汇编[M]. 北京：华龄出版社，2010.

[135]《社会保险相关法律法规文件汇编》本书编写组. 社会保险相关法律法规文件汇编[M]. 北京：中国工人出版社，2015.

[136] 国家经济委员会经济综合局. 我国增强企业活力经济政策选编[M]. 北京：中国经济出版社，1985.

[137] 劳动部社会保险司. 深化养老保险制度改革实用手册[M]. 北京：中国劳动出版社，1995.

[138]《中国劳动人事年鉴》编辑部. 中国劳动人事年鉴 1949.10—1987[M]. 北京：劳动人事出版社，1989.

[139] 国家统计局社会统计司，劳动部综合计划司. 中国劳动工资统计年鉴（1989）[M]. 北京：劳动人事出版社，1989.

[140] 中国劳动年鉴 1988—1989[M]. 北京：中国劳动出版社. 1991.

[141]《中国劳动年鉴》编辑部. 中国劳动年鉴 1990—1991[M]. 北京：中国劳动出版社，1993.

[142] 王建新. 中国劳动年鉴 1992—1994[M]. 北京：中国劳动出版社，1996.

[143] 王建新. 中国劳动年鉴 1995—1996[M]. 北京：中国劳动出版社，1996.

[144] 王建新. 中国劳动年鉴（1997）[M]. 北京：中国劳动出版社，1998.

[145] 王建新. 中国劳动年鉴（1998）[M]. 北京：中国劳动出版社，1999.

[146] 刘永富. 中国劳动和社会保障年鉴（1999）[M]. 北京：中国劳动社会保障出版社，2000.

[147] 信长星. 中国劳动和社会保障年鉴（2002）[M]. 北京：中国劳动社会保障出版社，2002.

[148] 信长星. 中国劳动和社会保障年鉴（2003）[M]. 北京：中

国劳动社会保障出版社，2003.

[149] 胡晓义. 中国劳动和社会保障年鉴（2004）[M]. 北京：中国劳动社会保障出版社，2004.

[150] 中华人民共和国劳动和社会保障部. 中国劳动和社会保障年鉴（2007）[M]. 北京：中国劳动社会保障出版社，2008.

[151] 信长星. 中国劳动和社会保障年鉴（2008）[M]. 北京：中国劳动社会保障出版社，2009.

[152] 孙宝树. 中国人力资源和社会保障年鉴（工作卷）2009 [M]. 北京：中国劳动社会保障出版、中国人事出版社，2009.

[153] 人力资源和社会保障部. 中国人力资源和社会保障年鉴（工作卷）2010 [M]. 北京：中国劳动社会保障出版、中国人事出版社，2010.

[154] 人力资源和社会保障部. 中国人力资源和社会保障年鉴（工作卷）2011 [M]. 北京：中国劳动社会保障出版、中国人事出版社，2011.

[155] 国家统计局. 中国统计年鉴 2020 [M]. 北京：中国统计出版社，2020.

[156] AMINZADE, R. Class Analysis, Politics, and French Labor History. In Rethinking Labor History, ed. by Berlanstein, L. Urbana and Chicago: University of Illinois Press, 1993: 90-113.

[157] BARR, N. and DIAMOND, P. A. Pension Reform: a Short Guide. Oup Catalogue, 2010.

[158] BATES, R. H., GREIF, A., LEVI, M., ROSENTHAL, J., & WEINGAST, B. R. Analytic Narratives. Princeton, NJ:

Princeton University Press, 1998.

[159] BILL, J. A., and HARDGRAVE. R. L. Comparative Politics: The Quest for Theory. Washington, DC: Bell & Howell, University Press of America, 1981.

[160] BÜTHE, T. Taking Temporality Seriously: Modeling History and the Use of Narratives as Evidence. American Political Science Review, 2002, 96(3): 481-493.

[161] COASE, R. H. The Problem of Social Cost. Journal of Law and Economic, 1960, 3(1): 1-44.

[162] COOK, SARAH and KWON, H. Social Protection in East Asia. Global Social Policy, 2007, 7(2): 223-229.

[163] FALLETI, T. G. Theory-guided Process-tracing in Comparative Politics: Something old, Something New. Newsletter of the Organized Section in Comparative Politics of the American Political Science Association, 2006, 17(1): 9-14.

[164] FALLLETI, T. G. Decentralization and Subnational Politics in Latin American. NY: Cambridge University Press, 2010.

[165] GEORGE, A. L. and MCKEOWN, T. J. Case Studies and Theories of Organizational Decision Making. Advances in Information Processing in Organizations, 1985(2): 51-58.

[166] GRAY, G. and MAHONEY, J. Two Level Theories and Fuzzy-Set Analysis. Sociological Methods & Research, 2005(33): 497-538.

[167] GREIF, A. Institutions and the Path to the Modern Economy:

Lessons from Medieval Trade. Cambridge: Cambridge University Press, 2006.

[168] HALL, P. A. Aligning Ontology and Methodology in Comparative Politics. In Comparative Historical Analysis in the Social Sciences, ed. by Mahoney, J. & Rueschemeyer, D. New York: Cambridge University Press, 2003: 373-404.

[169] HEILMANN, S. Policy Experimentation in China's Economic Rise. Comparative International Development, 2008a, 43(1): 1-26.

[170] HEILMANN, S. From Local Experiments to National Policy: The Origins of China's Distinctive Policy Process. The China Journal, 2008b, 1-30.

[171] HOLLIDAY, IAN. Productivist Welfare Capitalism: Social Policy in East Asia. Political Studies, 2000(48): 706-723.

[172] KATO, J. Regressive Taxation and the Welfare State, Cambridge: Cambridge University Press, 2003.

[173] KELLEE S. TSAI. Adaptive Informal Institutions and Endogenous Institutional Change in China. World Politics, 2006, 59(1): 116-141.

[174] MAHONEY, J. AND THELEN, K. Explaining Institutional Change: Ambiguity, Agency, and Power. New York: Cambridge University Press, 2010.

[175] MIDGLEY, J. Industrialization and Welfare: The Case of the Four Little Tigers. Social Policy & Administration, 1986, 20(3): 225-238.

[176] MONTINOLA G., YINGYI QIAN and BARRY WEINGAST. Federalism, Chinese Style: The Political Basis for Economic Success in China. World Politics, 1995(48): 50-81.

[177] NAUGHTON, B. Growing out of Plan: Chinese Economic Reform, 1978-1993. Cambridge: Cambridge University Press, 1995.

[178] NORTH D. C. Structure and Change in Economic History. New York: Norton, 1981.

[179] NORTH D. C. Institutions, Institutional Change and Economic Performance. New York: Cambridge University Press, 1990.

[180] ORLOFF, A. and SKOCPOL, T., "Why not equal protection? Explaining the politics of public social spending in Britain, 1900-1911, and the United States, 1880s-1920", Am. Social. Rev., 1984(49): 726-750.

[181] OSTROM, E. Coverning the Commons: the Evolution of Institutions for Collective Action. Cambridge: Cambridge University Press, 1990.

[182] PARRIS, K. Local Initiative and National Reform: The Wenzhou Model of Development. The China Quarterly,1993(134): 242-263.

[183] PRYOR, F., Public Expenditures in Communist and Capital Nations, Homewood, Ill.:Irwin, 1968.

[184] PRZEWORSKI, A. & HENRY T. The Logic of Comparative Social Inquiry. Malabar, Florida: Krieger Publishing Company, 1982.

[185] QIAN, Y., ROLAND, G. and XU, C. Coordinating Changes in M-Form and U-Form Organizations. Mimeo, European Center for Advanced Research in Economics and Statistics, Universite Libre de Bruxelles, 1988.

[186] RAWSKI T. G. Implications of China's Reform Experience. The China Quarterly, 1995(114): 1150-1173.

[187] RIMLINGER, G. Welfare Policy and Industrialization in America, Germany and Russia, New York: Wiley, 1971.

[188] RUTTAN, V. W. and HAYAMI, Y. Toward a Theory of induced institutional change. Journal of Development Study, 1984, 203-223.

[189] STREECK, W. and THELEN, K. Beyond Continuity. Oxford: Oxford University Press, 2005.

[190] WILENSKY H. and LEBEAUX C. N. Industrial Society and Social Welfare. New York: Russell Sage, 1958.

[191] WILLIAMSON, O. E. The Institutional Foundation of Capitalism. New York: Free Press, 1985.

[192] PRZEWORSKI, ADAM, and HENRY TEUNE. The Logic of Comparative Social Inquiry. Malabar, Florida: Krieger Publishing Company, 1982.

附录

中国养老保险制度改革议程（1978—2020年）

发布时间	文件名称	主要内容	政策目的
1978年6月	《国务院关于安置老弱病残干部的暂行办法》，《国务院关于工人退休、退职的暂行办法》	规定了干部和企业职工（国企）离职、退职、退休的条件和离休费、退职费、退休费标准，及住房医疗等各项福利。其中，退休费以工资为基准，根据参加革命时间和工作年限按比例确定。相关费用及福利都由原单位负担。 集体所有制、事业单位自行制定不高于本办法标准的办法	为了妥善安置老弱病残干部及老年工人和因公因病离职退职人员。恢复此前的退休制度
1978年12月	十一届三中全会通过《农村人民公社工作条例（试行草案）》	第四十七条规定有条件的基本核算单位可以试行养老金制度	首次提出在农村建立养老保险制度

续表

<table>
<tr><th>发布时间</th><th>文件名称</th><th>主要内容</th><th>政策目的</th></tr>
<tr><td>1981年7月</td><td>国务院发布《关于城镇非农业个体经济若干政策性规定》</td><td>提出“个体经营者可以缴纳社会保险金，逐步建立劳保福利和退休制度”，但未有具体规定</td><td>允许城市地区个体经营者采用养老保险制度保障个人老年福利，但未有具体规定</td></tr>
<tr><td>1983年4月</td><td>国务院发布《关于城镇集体所有制经济若干政策问题的暂行规定》</td><td>要求城镇集体所有制企业可以根据自身的经济条件，提取一定数额的社会保险基金，逐步建立社会保险制度，解决职工年老、丧失劳动能力的生活保障等问题。但区县以上的集体所有制企业职工的劳动保险福利，如经济条件允许，则按原规定执行，不专项提取社会保险基金</td><td rowspan="2">通过实行社会统筹，解决一些集体所有制企业退休费用过重的负担，保障社会主义制度下的工人福利待遇</td></tr>
<tr><td>1983年8月</td><td>国家相关部门联合发布《劳动人事部、全国总工会、财政部发布关于在经济改革中要注意保障企业职工的劳动保险、福利待遇的意见》</td><td>纠正了一些企业在实行经营承包责任制过程中降低劳动保险福利待遇的行为；同时提出为解决一些集体所有制企业退休费用过重的问题，可以以县、市为单位，统筹退休费用</td></tr>
</table>

续表

发布时间	文件名称	主要内容	政策目的
1986年7月	《国营企业职工实行劳动合同制暂行规定》	第二十六条规定国家对劳动合同制工人退休养老实行社会保险制度。退休养老基金的来源，由企业和劳动合同制工人缴纳。退休养老金不敷使用时，国家给予适当补助。企业缴纳的退休养老基金为工人工资总额的15%左右，工人缴纳数额为不超过本人工资的3%。 第二十八条规定劳动合同制工人退休养老工作，由劳动行政主管部门所属的社会保险专门机构管理，其主要职责是筹集退休养老基金，支付退休养老费用和组织管理退休工人	提出了个人、企业、国家三方分摊养老保障责任的保险制度模式。同时指定专管行政部门负责养老保险制度的运行
1989年3月	国务院印发《批转国家体改委关于1989年经济体制改革要点的通知》	要求在继续完善全民所有制企业职工养老保险统筹办法的同时，在少数城市（海南、深圳）进行职工交纳部分保险费、个体户和农民主要由个人交纳保险的养老保险制度改革试点。 在海南、深圳实行社会保险综合配套改革，两地建立了个人账户和共济基金账户相结合的养老保险模式	开始试点建立个人养老账户。在发展完善现收现付制度的同时，尝试基金积累制

续表

发布时间	文件名称	主要内容	政策目的
1991年6月	国务院发布《关于企业职工养老保险制度改革的决定》	对养老保险改革做出了全面规划和规定。改变养老保险完全由国家、企业包下来的办法，实行国家、企业、个人三方共同负担。个人缴费不超过工资的3%，以后逐年提高。提出基金省级统筹。劳动部门负责管理城镇企业职工的养老保险工作。个人储蓄性养老保险由职工个人自愿选择经办机构。允许各地区、企业依照自身情况制定具体规则。并提出企业可以建立补充养老保险（企业年金）。 该决定适用于全民所有制企业。城镇集体所有制企业参照执行；外资企业、城镇私企和个体劳动者，也要逐步建立养老保险制度。具体办法由各省、自治区、直辖市人民政府制定；国家机关、事业单位和农村（含乡镇企业）的养老保险制度改革，分别由人事部、民政部负责，具体办法另行制定	确定了个人、企业、国家三方分摊养老保障责任的保险制度模式，同时提出建立个人账户和企业年金。《决定》主要针对全民所有制企业，配合国企改革

续表

发布时间	文件名称	主要内容	政策目的
1991年11月	劳动部确定江西南昌市、辽宁锦西市为养老金计发办法改革试点。1992年《南昌市企业职工基本养老金计发试行办法》	试点建立了将养老金待遇和缴费金额相挂钩的激励机制。在南昌，改革从国营企业开始再拓展至其他所有制企业，经过大量科学测算，确定了领取规则。 养老金金额由按照工龄长短和退休标准工资60%至75%，改为基础养老金（社会平均工资一定比例）和附加养老金（根据基金缴费贡献确定）两部分	养老金待遇确定由“受益基准型”向“缴费基准型”过渡
1992年1月	民政部印发《县级农村社会养老保险基本方案（试行）》	提出以“个人交纳资金为主，集体补助为辅，国家予以政策扶持；坚持自助为主、互济为辅；坚持社会养老保险与家庭养老相结合；坚持农村务农、务工 、经商等各类人员社会养老保险制度一体化的方向”为原则建立农村养老保险制度。《方案》制定了具体的制度运行办法	将建立农村社会养老保险视为国家保障全体农民老年基本生活的制度
1993年11月	十四届三中全会通过《中共中央关于建立社会主义市场经济体制若干问	提出了建立多层次的社会保障体系的任务，重点完善企业养老是重点之一；城镇职工养老保险金由单位和个人共同负担、实行社会统	提出了在城镇实行社会统筹与个人账户相结合的养老

续表

发布时间	文件名称	主要内容	政策目的
1993年11月	题的决定》	筹和个人账户相结合；农民养老以家庭保障为主	保险模式。农村养老以家庭保障为主
1995年3月	国务院发布《关于深化企业职工养老保险制度改革的通知》	明确了养老保险制度“统账结合”改革方向，要求覆盖各类所有制企业和个体经营户，要求逐步提高个人缴费比例，具体增幅由地方政府确定；改革要减轻企业和国家的负担；实行社会保险行政管理与基金管理分开。 该通知提供了两个实施方案以便各地选择执行。(实行之后，各地选择了方案一或二，或综合创制第三类方案，最大不同就是个人账户的规模相差大，从4%到17%，到今天仍然差别很大)	确立了“统账结合”模式，提出了具体的实施办法和改革原则，大力推进改革
1997年7月	国务院发布《关于建立统一的企业职工基本养老保险制度的决定》	进一步统一了缴费率、个人账户规模和计发方法：社会统筹方面，原则上企业缴费率不得超过工资总额的20%，个人缴费率从4%开始逐年增加，最终达到个人缴费工资的8%。按本人缴费的11%建立个人账户，个人	进一步统一了养老保险制度的“统账结合”模式的运行细则、新老制度衔接过渡方法和全

续表

发布时间	文件名称	主要内容	政策目的
1997年7月	国务院发布《关于建立统一的企业职工基本养老保险制度的决定》	缴费全部计入个人账户，企业划补逐渐降至3%。个人缴费年限累计满15年的，退休后按月发给基本养老金。基本养老金由基础养老金和个人账户养老金组成。退休时的基础养老金月标准为省、自治区、直辖市或地(市)上年度职工月平均工资的20%，个人账户养老金月标准为本人账户储存额除以120。个人缴费年限累计不满15年的，退休后不享受基础养老金待遇，其个人账户储存额一次支付给本人。 早期退休的“老人”实行原办法计发退休费；即将退休的“中人”参考决定制定过渡性养老金计划。 《决定》要求进一步扩大养老保险的覆盖范围，拓展至所有企业及职工。个体劳动者参保规则各地方政府自行制定。统筹层次应逐步向省级过渡。国务院原批准的部门或行业统筹也应改为参加社会统筹	覆盖高统筹的发展目标

续表

发布时间	文件名称	主要内容	政策目的
1998年12月	国务院印发《社会保险费征缴暂行条例》	第三条规定基本养老保险费的征缴范围为国有企业、城镇集体企业、外商投资企业、城镇私营企业和其他城镇企业及其职工，实行企业化管理的事业单位及其职工。同时，地方政府可以自行规定将城镇个体工商户纳入基本养老保险。 规定社会保险金专款专用，县级以上地方劳动保障行政部门负责征缴和监督检查工作，具体征收机构地方政府自行决定（税务机构或劳动行政机构）。社会保险费不得减免，保险费存入财政部门在国有商业银行开设的社会保障基金财政专户	制定了包括养老保险在内的保险费征缴工作规定、明确了征管负责机构、征缴程序、基金管理和监督惩罚措施
2000年9月	国务院印发《关于切实做好企业离退休人员基本养老金按时足额发放和国有企业下岗职工基本生活保障工作的通知》	提出"两个确保"，即确保企业离退休人员基本养老保险金按时足额发放和国有企业下岗职工基本生活。各级政府要提高财政预算中社会保障性支出的比例，优先安排各项社会保障资金	为了督促保障国企下岗职工和离退休人员基本生活，维护社会稳定

续表

发布时间	文件名称	主要内容	政策目的
2001年9月	劳动和社会保障部发布《关于职工在机关事业单位与企业之间流动时社会保险关系处理意见的通知》	规定了职工在机关事业单位与企业间流动过程中，养老保险转移的方式方法。其中规定机关事业单位工作年限视为缴费年限，支付缺口由同级财政补贴	提出企业与机关事业单位养老制度的衔接办法
2001年12月	国务院发布《关于完善城镇社会保障体系的试点方案》	2001以辽宁省为试点，2004年吉林省、黑龙江省也进行了试点。《方案》要求坚持“统账结合”模式，但企业缴费不再划入个人账户，相应个人账户规模从工资的11%调整为8%。并以省级为单位进行调剂。鼓励企业建立企业年金、鼓励开展个人储蓄性养老保险。机关和非企业性事业单位保持原有养老保障制度不变。 实际试点改革中，中央政府财政转移支付用于做实个人账户，维持东北地区养老金足额发放	回应东北地区养老金支出压力。通过中央政府财政支持做实个人账户
2005年12月	国务院发布《关于完善企业职工基本养老保险制度的决定》	总结东北试点经验后，《决定》要求确保养老金足额发放、做实个人账户、扩大制度覆盖范围、调整计发方	保证新制度正常运行，推动养老保险制度

续表

发布时间	文件名称	主要内容	政策目的
2005年12月	国务院发布《关于完善企业职工基本养老保险制度的决定》	法提高参保积极性、扩大基本养老保险覆盖范围到城镇各类企业职工、个体工商户和灵活就业人员	扩大覆盖面，做实个人账户更好应对老龄化问题（主要东北地区）。（做实个人账户2006年8省、2007年11省）
2008年	国务院发布《事业单位工作人员养老保险制度改革试点方案》	改革20世纪50年代确立的事业单位退休费（养老金）计发制度为城镇养老保险制度的“统账结合”模式。同时要求事业单位建立工作人员职业年金制度。 在陕西省、上海市、浙江省、广东省、重庆市展开试点	改革事业单位养老保险制度，推动养老制度体系一体化进程
2009年9月	国务院发布《关于开展新型农村社会养老保险试点的指导意见》	试点推行“个人缴费、集体补助、政府补贴”相结合的新农保制度。社会统筹与个人账户相结合。2009年试点覆盖全国10%的县级单位，计划到2020年前基本实现对农村适龄居民的全覆盖。《意见》还规定了具体的缴费	探索构建农村养老保险制度，在制度设计上奠定了与城镇养老保险制度衔接的基础

续表

发布时间	文件名称	主要内容	政策目的
2009年9月	国务院发布《关于开展新型农村社会养老保险试点的指导意见》	标准、待遇标准和基金管理办法。以及政府补贴计划，其中中西部全额补助、东部50%补助	
2009年12月	人力资源社会保障部、财政部《关于城镇企业职工基本养老保险关系转移接续暂行办法的通知》	规定了城镇所有企业人员（包括农民工）的养老关系转移办法，包括企业间接续，跨省接续，农民工城市养老保障制度和农村养老保险接续	通过制定在碎片化养老保障体系的制度衔接规则，为自由劳动力市场运行去除制度障碍
2010年8月	全国人大常委会通过了《中华人民共和国社会保险法》	明确了公民享受养老保障的权利，并规定了基本养老保险制度的基本框架和运行方法	颁布了养老保险制度成文法规
2014年4月	国务院发布《关于建立统一的城乡居民基本养老保险制度的意见》	旨在推动新型农村社会养老保险和城镇居民社会养老保险两项制度合并。首先的覆盖人群是没有参加机关事业单位及职工养老保险的城乡居民，具体制度设计与“新农保”类似。以个人缴费，集体补助，国家补贴为原则。同时建立个人账户	推进养老保险制度城乡一体化

续表

发布时间	文件名称	主要内容	政策目的
2015年1月	国务院发布《关于机关事业单位工作人员养老保险制度改革的决定》	制定了改革机关事业单位养老保险制度为“统账结合”模式的具体办法。缴费方法与标准与城镇养老保险制度一致。除各项细则外，提出建立职业年金制度	改革机关事业单位养老制度，推动养老保险制度体系一体化，促进养老保障公平

资料来源：该表在《社会保障制度改革大事简记 1978-2008》及相关国家文件基础上整理，同时参考了《养老保险改革的创新先锋——纪念南充市改革集体企业养老保险制度三十周年》等文献。